KB108501

쓰는 직업

곽아람

쓰는 직업

20년 차 신문기자의
읽고 쓰는 삶

마음산책

쓰는 직업

20년 차 신문기자의 읽고 쓰는 삶

1판 1쇄 발행   2022년 12월 14일
1판 3쇄 발행   2024년 11월 20일

지은이   곽아람
펴낸이   정은숙
펴낸곳   마음산책

등록   2000년 7월 28일 (제2000-000237호)
주소   (우 04043) 서울시 마포구 잔다리로3안길 20
전화   대표 | 362-1452   편집 | 362-1451
팩스   362-1455
홈페이지   www.maumsan.com
블로그   blog.naver.com/maumsanchaek
트위터   twitter.com/maumsanchaek
페이스북   facebook.com/maumsan
인스타그램   instagram.com/maumsanchaek
전자우편   maum@maumsan.com

ISBN   978-89-6090-785-0 03810

* 책값은 뒤표지에 있습니다.

일이 힘들수록 나는 더 많이 썼다.
쓰는 것만이 나를 견딜 수 있게 해주었기 때문에.

　　　　　　　　　　이 책은 러브 스토리다

이 책은 러브 스토리다,라고 회심의 첫 문장을 써놓고 보니 아무래도 어디선가 본 적 있는 말인 것 같아 한참 기억을 더듬어보았다. (첫 문장은 아니지만) 캐럴라인 냅의 책 『드링킹, 그 치명적 유혹』에 이런 문장이 있다. "그러므로 이 이야기는 러브 스토리다." 냅은 열망했으나 벗어나고 싶었고, 욕망했으나 두려웠으며, 이별을 상상할 수 없었으나 작별을 고해야만 했던 술과의 이야기를 '러브 스토리'라 칭했다.

　　냅의 이야기와는 결이 다르지만 나와 일 사이의 서사도 러브 스토리다. 사랑을 해본 사람은 알 것이다. 대체로 지긋지긋하지만 때론 신선하고, 매일 헤어지고 싶으면서도 가끔 그립기도 하며, 1년에 360일쯤 만난 걸 후회하지만 나머지 5일 정도는 아, 네가 너라서 참 좋다 싶은······ 끝내자니 아쉬워서 결국은 청산하지 못한 관계. 애증愛憎이라고밖에 부를 수 없는 그런 관계도 사랑이라는 걸.

이 책은 일이 싫어 울고, 힘들어서 비명 지르고, 버거워 도망가면서도 순간순간 찾아오는 보람과 성장의 기쁨에 중독돼 20년을 버틴 나의 이야기다. 보고, 듣고, 읽고, 느끼고, 결국은 쓰는 일로 귀결되는 나의 일. 기자記者, 즉 '쓰는 사람'이란 뜻을 가진 이 직업과 눈물과 웃음을 섞어가며 지지고 볶은 이야기. 그러므로 결국, 이 이야기는 러브 스토리다.

뚜렷한 목표와 성취의 열망을 가지고 일하는 사람들이 있다. 나는 그런 모범 직장인과는 거리가 멀다. 그렇지만 직장에서 인정받고 인사고과에서 최고점을 받는 사람만이 일에 대해 말할 수 있는 건 아니다. 목구멍이 포도청이라 꾸역꾸역 다니는 자에게도 일의 '단짠'이 있다. 귀찮고 싫지만 하다 보면 뿌듯하고 보람이 생기기도 하는, 그것이 일이란 장르의 묘미인 것이다. 그 이야기를 책에 담고 싶었다.

내게 일이란 내 것이었으면 좋겠지만 결코 온전히 내 것이 될 수 없는 어떤 것이다. 내 것이라 생각하고 열과 성을 다했는데 알고 보니 회사 것이라는 걸 깨닫는 순간 낙담이 찾아든다. 슬픔과 고통이 온다. 그래서 결국 일과는 '밀당'할 수밖에 없다. 모든 걸 내어주고 싶을 때도 있었지만 그러지 않았다. 늘 계산했다. 상처받을 걸 뻔히 알기 때문에. 그래서 나빴나? 그렇지 않았다. 적당한 무심함과 거리감을 의식적으로 유지하면서, 거기서 비롯되는 긴장감을 나는 즐겼다. 일은 일이고 나는 나였다. 명확한 그 경계가 좋았다.

그렇지만 사랑했다. 쓴다는 이 직업의 속성을, 정의를 추구한다는 명분을, 세상과 독자를 매개한다는 역할을, 오늘을 기록한다는 꾸준함을 사랑했다. 선한 의도를 가진 이들이 이 직업의 어떤 측면 때문에 오해를 사고, '기레기'라는 비난을 못 이겨 기자 일을 그만둘 때마다 속상했다. 그래서 보여주고 싶었다. 다수의 기자가 어떤 마음으로 일하는지. 기사 한 줄을 위해 얼마나 많은 고민을 하는지. 그와 함께, 인터넷이나 방송에 비해 낡은 매체임에 틀림없지만 종이와 잉크가 좋아 신문을 택한 기자의 일을 그려내고 싶었다. 정치부나 사회부처럼 눈에 띄게 긴박하진 않지만 매일 나름의 드라마가 펼쳐지는 문화부 기자의 삶을 이야기하고 싶기도 했다.

많은 경우, 창작하는 이에게 사랑하는 대상은 뮤즈가 된다. 애틋하고 산뜻한 연인뿐 아니라 파괴적이고 불량한 애인도 영감을 준다. 귀엽고 다정한 상대는 아니었지만 일 역시 나의 뮤즈였다. 일은 내 심장을 움켜쥐고, 숨을 막히

게 해 불안과 슬픔으로 자아낸 글을 토해낼 수밖에 없도록 했다. 일이 힘들수록 나는 더 많이 썼다. 쓰는 것만이 나를 견딜 수 있게 해주었기 때문에.

지난 15년간 주중엔 회사원의 글쓰기를, 주말엔 에세이스트로서의 글쓰기를 하며 이른바 '본캐'와 '부캐', 일과 생활의 균형을 맞춰왔다. 이 책까지 모두 아홉 권을 썼다. 앞선 여덟 권은 대부분 주말에 느긋하게 썼다. 이번엔 달랐다. 3분의 2가량을 주중 퇴근 후에 썼다. 일에 대한 책이니만큼 손끝에 남아 있는 일의 감각을 속도감 있게 전하고 싶었다. 되도록이면 유쾌한 어조로, 경쾌하게 쓰려고 했다. 애이불비哀而不悲하려 노력했는데 그 마음이 얼마만큼 독자들에게 전달되었는지는 모르겠다.

　거칠고 성긴 원고를 읽고 다듬어 책으로 꾸려준 마음산책에 감사드린다. 어엿한 직업인이 될 수 있도록 마음을 다해 길러주신 부모님, 엄격하지만 훌륭한 스승이었던 회사 선후배 동료들, 그리고 나의 뮤즈 '일'에게 사랑과 감사의 마음을 함께 전한다.

2022년 12월
곽아람

차례

주중의 글쓰기에서 끊임없이 나를 지우고,
주말의 글쓰기에서 지웠던 나를 되살려낸다.

일러두기

1. 외국 인명, 지명, 독음은 외래어 표기법을 따르되 관용적 표기와 동떨어진 경우 절충하여 실용적 표기를 따랐다.

2. 편명은 「」, 책명은 『』, 곡명·영화명·신문명 등은 〈 〉로 묶었다.

나의 글쓰기

쓰는 직업, 쓰는 사람

사람들이 종종 신기해하며 묻는다. 기자 일만으로도 무척 바쁠 텐데 어떻게 책까지 쓰냐고. "주말에 씁니다"라고 답하지만 어쩐지 안 믿는 눈치다. "저는 가족이 없으니까요. 주말에 여유 시간이 많답니다" 부연하지만 대개 "아무리 그래도……. 싱글이라고 해서 다 책을 쓰는 건 아니잖아요"라는 답이 돌아온다. 뭔가 그럴싸한 답변을 찾기 위해 궁리하다가 "어차피 글 쓰는 게 직업이라 책 쓰는 일이 남달리 힘든 건 아니거든요" 답하면 대부분 이렇게 묻는다. "일하면서 글 쓰는 것도 힘들 텐데 휴일에도 글을 써요?"

글 쓰는 일이 직업이라 오히려 일이 끝난 후에도 글을 쓴다. 평일 퇴근 후에는 너무 피곤하기 때문에 각 잡고 앉아 쓰는 일은 매일 못 하지만 페이스북이나 인스타그램 같은 소셜 미디어에 짧은 글이나마 올리고 잠든다. 그렇게 해야만 '나'라는 인간의 정체성이 '회사 인간'으로서의 정체성에 완전히 잠식되지 않을 것 같아서.

　기자의 글쓰기는 에세이스트로서의 글쓰기와는 다르다. 객관성과 정확성이 가장 중요하다. 나의 감정 따위는 중요하지 않다. 문장은 짤막하고 건조해야 한다. 주절주절 풀어내는 사설체가 경상도 말로 '새실 많은(수다스러운)' 나의 성정과 꼭 맞지만 조직원의 성정 따위 조직에선 중시하지 않는 법.

　기자로서 나의 초년병 시절은 긴 문장을 데스크의 지적받아가며 자르고, 자르고, 자르고 특유의 문체를 지우고, 지우고, 지워서 회사의 규격화된 제품으로 만들어내기 위한 분투의 과정이었다. 어떤 기자들은 데스크의 강압, 개성을 억누르는 훈련 과정에도 불구하고 인장印章과도 같은 자신만의 문투文套를 지켜내기도 하지만 나는 원체 모범생이라…….

　기가 센 편도 아니고, 투쟁이 귀찮기도 하고, 기사란 어차피 내 것 아닌 회사 거라 생각하며 순종한 지 20년쯤 되니 이젠 제법 기사형 문장을 잘 구사한다. 기사에서 특정 내용을 강조하기 위해 쓰는 작은따옴표의 남발도 처음엔 거슬렸고, 인용을 위해 큰따옴표를 매번 쓰는 것도 자연스럽지 못해 싫었고, '나'라는 단어 대신에 '기자는' 혹은 '기자를'이라는 단어를 쓰는 것도 어색해서 못 견딜 것만 같았는데 지금은 '기사체'에도 기사체만의 아름다움과 미덕이 있다고 생각하면서 이 글에서도 작은따옴표를 남발하고 있⋯⋯.

일기 쓰기와 편지 쓰기를 통해 혼자 연마하거나 대학 강의실에서 리포트를 쓰며 지도받던 시절이 내 글쓰기 훈련의 1막이었다면, 신문사 입사 이후의 시기를 2막이라 할 수 있겠는데 그건 정말이지 끊임없이 '나'를 지워가는 과정이었다. 그렇지만 나는 완전히 지워지고 싶지 않았다. 항거하며 나의 문장과 문체를 고수할 용기는 없었지만 그렇다고 '나'라는 사람이 없는 글을 쓰는 일만으로 인생을 채우고 싶지 않았다. 입사한 지 얼마 안 되었을 때 여럿이 있는 술자리에서 한 선배가 말했다. "기사의 문장은 효율적이지만 어디까지나 신문을 위한 글이야. 자신만의 글을 계속 쓰는 연습을 해야 해. 그러지 않으면 문장이 망가져." 친한 선배도 아니었는데 그 말만은 가슴에 콕 박혔다.

그래, 자아실현은 회사 밖에서 하자! 나는 언제나 퇴근 후에는 쓰는 사람이었다. 싸이월드에 썼고, 당시 기자 1인당 1블로그 운영 정책을 시행하고 있던 우리 회사 블로그에도 썼다. 회사에 적응하지 못했고 언제든 그만두고 싶은 마음이 컸기 때문에, 직장 생활이 늘 힘들었기 때문에 그 힘들고 괴로운 감정을 털어놓을 곳이 없어서 썼다. 그렇게라도 해야만 최소한의 '나'를 지키며 살 수 있을 것 같았다. 같은 업계에서 일하는 친구가 신기하다는 듯 내게 말한 적이 있다. "웬만큼 회사를 다니면 조직원으로서의 자아가 곧 자기 자신이 되는데 넌 아직도 '나'라는 존재를 중요하게 여기는구나." 그 말이 조직에 적응하지 못하고 방황하고 있던 나의 부족함을 꼬집는 것 같아 오래도록 아팠다.

그러던 어느 날 출판사에서 연락이 왔다. 회사 블로그에 쓴 글로 책을 내보면 어떻겠냐고. 그때까지의 나는 책을 쓸 수 있을 거라고 생각해본 적이 없었다. 그건 엄청나게 대단한 사람들이나 할 수 있는 일 아닌가? 언젠가 글을 쓰고 싶다는 마음이 있었지만 그 글이 꼭 책과 동의어는 아니었고, 그마저도 경험과 연륜이 쌓인 이후에나 가능할 거라고 생각했다. 마음속 격랑을 쓰는 것으로 푸는 사람이었을 뿐 글쓰기에 뛰어난 재능이 있다고 생각해본 적이 없었다. 백일장에서 매번 상을 받는 부류도 아니었고, 기자가 된 것도 꼭 글쓰기를 천직으로 여겨서라기보다 사회정의를 실현하고 싶었기 때문이다(라고 쓰고 인문대 출신을 받아주는 직장이 많지 않았기 때문이라고 읽는다). 가족들도 나에 대해 비슷한 생각을 하고 있었던 것 같다. 그러니까 기자는 할 수 있어도 저자('작가'란 단어의 거창함이 부담스러워서 나는 '저자'라는 말을 선호한다)가 될 만한 문재文才에는 못 미친다고. (당시 내게 연락한 편집자가 문학동네 기획실 소속이었는데, 우리 아버지는 그렇게 큰 출판사에서 너를 만나자고 할 리가 없다며, 사기일지도 모르니 잘 알아보고 나가라 하셨다⋯⋯.) 어쨌든 나는 그렇게 얼떨결에 첫 책을 내게 되었다. 2008년 11월이었고, 서른 살 때였다.

회사 생활을 못 견뎌 하는 회사원이 회사에서 운영하는 블로그에 쓴 회사에서 힘들었던 이야기로 첫 책을 내게 되다니 인생은 그래서 아이러니한 것이다. 그리고 여전히 나는 책을 쓰고 있다. 이 책이 꼭 아홉 번째다. 이제는 안다. 회사원으로서의 글쓰기가 있기 때문에 내가 '선데이 라이터Sunday Writer'라 칭하는 에세이스트로서의 주말 글쓰기도 있다는 사실을. 주중의 글쓰기에서 끊임없이 나를 지우고, 주말의 글쓰기에서 지웠던 나를 되살려낸다. 흐릿하거나 투명해졌던 내가 선명하게 살아났다가 월요일이 시작되면 다시 흐릿해진다. 그렇게 회사에서의 나와 회사 밖에서의 나, 기자로서의 나와 에세이스트로서의 나 사이 균형을 맞춘다. 나의 '워라밸'은 쓰는 일을 통해 지켜지는 셈이다.

독자란 누구인가

"독자를 피부로 느끼기 위해서."

출판사들이 북클럽을 개설하는 이유를 취재하던 중 한 출판사 대표로부터 들은 말이다. 독자의 실체를 파악하고 싶다는 그 마음이 "장기적으로 책 판매에 도움이 되니까" 같은 실용적인 답보다 훨씬 구체적이고 근본적인 답처럼 느껴졌다.

종종 생각한다. 나의 독자는 누구인가.

내게는 두 부류의 독자가 있다. 기자로서의 독자와 저자로서의 독자. 이 둘은 주로 평행선을 긋고 있는 것처럼 보인다. 나는 노인 독자들이 절대다수를 차지하는 보수 신문의 기자이지만 에세이스트로서 쓴 글의 주된 소비자는 30~40대 또래 여성들이다(라고 짐작하는데, 설마 아니면 어떡하지?).

저자로서 독자를 감지하는 일은 비교적 쉽다. 많은 저자처럼 나 역시 독자들과의 소통 창구로 인스타그램을 운영한다. 인스타그램에서 내 책 제목 해시태그를 팔로우하며 책에 대한 독자 반응을 살핀다. 종종 책을 읽은 독자들이 이메일을 보내오는 경우도 있다. 그들은 (상대적으로) 젊고 지적이고 감성적이며 예술을 사랑한다.

기자로서 독자를 감지하는 일은 어렵다. '30년 독자'를 자처하는 어르신들이 한시가 멀다 하고 사무실로 전화를 걸어오던 시절이나, 여전히 30년 독자를 자처하는 이들이 이메일로 회사 독자서비스센터에 지면에 대한 의견을 보내오는 지금이나, 도무지 누가 나의 독자인지 모르겠다. 눈에 보이는 이들만 독자라고 할 수 있나? 모든 독자가 신문사에 전화를 걸거나 이메일을 보내 기사의 내용에 대해 의견을 제시할 만큼 적극적이지는 않은데.

포털사이트의 기사를 읽고 댓글을 다는 사람들이 나의 독자인가? 인정하고 싶지 않다. 댓글은 대개 날 서 있다. 기사를 제대로 읽지 않고 남기는 경우가 태반이다. 기사의 주제와는 상관없이 이념 논쟁, 성별 갈등 등으로 흐른다. 그런 사람들만이 독자라고 생각하면 참담한 기분이 든다. 무엇보다도 그들은 내 기사를 구독하지 않는다. '구독'의 사전적 의미는 '돈을 내고 사서 읽는다'는 것이다. 그야말로 '찐 사랑'이다. 그래서 나는 악성 댓글에는 상처받지 않는다. 나를 사랑하지 않는 이가 제멋대로 내뱉는 말에 휘둘릴 이유가 없으므로.

"독자를 위해서"라는 말은 신문사에서 전가寶家의 보도寶刀처럼 쓰인다. 어떤 기사를 쓰고 싶은데 데스크를 설득해야 할 때 기자들은 "우리 독자들은 이런 걸 원한다"라고 말한다. 기자가 낸 아이템이 마뜩잖을 때 데스크들은 종종 말한다. "기사가 안 된다는 게 아니야. 우리 독자들과는 맞지 않아." (내가 소속된 신문사는 대체로 60대 이상을 독자로 상정하는 것 같다.)

어릴 때는 종종 슬펐다. 내가 만드는 제품을 또래가 소비하지 않는다는 사실이. 친구들이 내 기사를 읽지 않는다는 것이. 요즘은 뭐, 그러려니 한다. 또래 집단과 내 기사의 주 소비 집단이 겹치지 않는다는 사실이 예전만큼 슬프지 않다. 중년이 되었기 때문이고, 나 또한 곧 노인이 되리라 생각하기 때문이다.

세월이 흐르고 나서 돌이켜보니 또래 집단과 거리가 먼 집단을 위해 글을 쓴다는 것이 그다지 나쁜 일만은 아니었다. 내가 아닌 타인이 되기 위해 분투하면서, 우리는 조금 더 남에 대한 이해의 폭을 넓혀가고 한 발짝 더 성장한다. 나는 지난 20년간 나보다 쉰 살쯤 더, 마흔 살쯤 더, 서른 살쯤 더, 그리고 스무 살쯤 더 많은 사람들의 취향과 사고, 눈높이를 이해하려 애썼다. 그들이 흥미를 가질 만한 아이템을, 그들이 거부감을 가지지 않을 만한 방식으로 기술하려 노력했다. 의미 있는 일이었다. 그렇지만 여전히, 나는 또래에게 읽히고 싶다. 그래서 나의 이야기를, 또래의 고민들을, 또래의 삶을, 책으로 쓴다. 일과 나 사이의 세대 격차를 사적인 글쓰기로부터 보상받는다.

또래에게 읽히는 것이 가장 의미 있다 믿는 나의 편협한 자아는 그러나 종종 노인 독자들의 환대 앞에서 속절없이 무너진다.

흰 규격 봉투의 '받는 사람'란에 파란색 볼펜으로 또박또박 '곽아람 북스Books 팀장'이라 눌러쓴 편지가 사무실로 날아온 적이 있다. 내 앞으로 오는 자필 편지는 자기 책을 신문에 소개해달라거나, 혹은 책을 좀 보내달라거나 하는 부담스러운 내용이 대부분이라 그날도 '이번엔 또 뭘 해달라는 걸까?' 살짝 긴장하며 편지 봉투를 뜯었다.

"안녕하세요. 직접 글자를 적고 있는 저는 75세 할머니입니다." 예상 외로 경쾌한 첫 문장. 대학 노트 두 장을 빼곡히 채운 편지에 책에 대한 애정이 흠씬 묻어났다. 화학 교사 출신이라는 이 독자는 소싯적부터 책을 무척 좋아했다고 한다. 교사 시절, 교무실로 서적 판매원이 오면 다른 선생님들이 "김 선생에게 가보라"며 등을 떠밀 정도였다고. 요즘은 미술사 공부에 빠져 있다 보니 웬만한 서점보다 미술사 책을 더 많이 소장하고 있는데 내가 쓴 책들을 즐겁게 읽었다며, 책을 읽는 동안 배경인 뉴욕 등을 "행복하게 날아다녔다"고 전해주셨다.

좋아하는 책은 여러 번 읽는데, 세 번쯤 읽고 또다시 읽을 때면 새 기분으로 읽고 싶어 새로 구입하신다고 했다. 밑줄 친 헌책은 간직하고 새 책은 읽은 후 주변 분들께 선물하신다는데 며느님이 농 삼아 "쓰러져가는 출판계를 버티고 계신 어머님"이라 부른다는 이야기를 읽으며 빙긋 웃다가 이 구절에서 뭉클했다. "새벽에 일어나 식탁에서 계란 삶으며 〈조선일보〉 보면서 사과 한 개 먹고 치즈도 먹으며 나만의 새벽 시간을 만끽하는 것이 내 행복입니다."

편의점에서도 종이 신문 구하기 힘든 시대, 종일 지면과 씨름하다 퇴근하는 밤이면 때때로 허탈한 의문이 찾아온다. '누구를 위한 노동인가.' 지면의 효율성과 아름다움을 위해 온 에너지를 바치는데 친구들로부터 "나 네 기사 봤어. 네이버에서"라는 이야기를 들을 때면 맥이 빠진다. '대체 누가 독자인가' '독자라는 것이 과연 존재하긴 하나' 자조감에 휩싸여 여러 번 생각했다.

편지를 읽으며 깨달았다. 디지털과 언택트의 시대에도, 갓 배달된 신문의 종이와 잉크 냄새를 소중히 여기는 분들이 건재하다는 것을. 내 책을 읽어주시는 분들과, 기사를 읽어주시는 분들의 거리가 멀지 않다는 것을.

이런 독자를 만날 때마다 다시 한번 힘을 내어 더 좋은 신문을 만들어보자고 결심한다. 누구든, 한 사람이라도 읽어주는 한, 열심히 쓰겠다고 마음먹는다. 신문 갈피갈피마다 수줍은 고백을 끼워 넣고 싶다 생각한다. 이를테면 이런 말. "사랑해주셔서, 구독해주셔서 고맙습니다. 내일 새벽 식탁에도 함께하겠습니다."

역경을 거쳐 별에 이르도록

한때, 종종 이런 말을 들었다.

"왜 방송기자를 안 하세요? 방송이 신문보다 훨씬 인기 있지 않나요?"

왜 방송기자를 안 했냐면, 방송 3사 시험 중 필기 전형에서 몽땅 떨어졌기 때문이다. (카메라 전형에 가기 전 낙방했으므로 TV에 부적격인 외모라 불합격한 건 아니라고 우겨본다.) 방송기자를 '안' 한 게 아니고 '못' 한 거지만 신문기자 아닌 방송기자 하고 싶다는 생각은 해본 적이 없다. 마이크를 잡고 카메라 앞에 서서 뉴스를 전하는 일도 물론 의미 있겠지만, 그것보다는 글 쓰는 일이 훨씬 좋았기 때문이다.

요즘은 종종 이런 말을 듣는다.

"왜 유튜브 안 하세요? 유튜브를 하면 글 쓰는 것보다 훨씬 더 유명해지고 돈도 많이 벌 수 있지 않나요?"

이 말은 내게 "왜 사법고시를 보지 않으셨나요?" 혹은 "왜 로스쿨을 가지 않으세요?"와 동의어로 들린다. 소위 '유망한 직업'을 갖고자 했다면 굳이 기자가 될 필요는 없었다. 여러 직장 중 신문사를 택한 이유는 경영학을 복수 전공하지 않은 '찐 인문대 졸업생'을 받아주는 회사가 별로 없었기 때문이지만 세상을 좀 더 나은 곳으로 변화시키고자 하는 열망과 글 쓰는 일을 하고 싶다는 갈망이 함께 있었기 때문이다. 글을 쓰는 일을 하더라도 어떤 이는 '쓰는 사람'이라기보다 '말하는 사람'이다. 말할수록 말맛을 즐기게 되는 부류가 분명히 있다. 나는 어느 쪽이냐면 '말하는 사람'이라기보다 '쓰는 사람'이다. 말할수록 소진되지만 쓸수록 충만해진다. 말할 때는 어눌하지만 쓸 때는 유창해진다. 눌변인 사람이 말하는 직업 아닌 쓰는 직업을 선호하는 건 당연한 일 아닌가? 뭘 하든 자신이 좋아하고 잘하는 일을 해야 한다. 나이가 들수록, 더욱더.

쓰는 직업은 안타깝게도 세월이 지나면 지날수록 인기가 없어진다. 유튜브와 틱톡이 지배하는 영상의 시대, 온라인에 글 쓰는 것도 아니고 종이에 잉크로 인쇄되는 글을 쓰는 직업은 더 말해 무엇하랴. 책의 미래에 대한 어두

운 이야기가 들려오고, 신문의 미래에 대한 불길한 전망은 더 이전부터 있어왔다. 신문과 책은 원래 종이로 된 것인데 '종이 신문'과 '종이 책'이라는 단어가 생겨났다는 것이 이 산업에 대한 대중의 인식을 단적으로 보여준다. 신문에 쓰는 일을 본업으로, 책 쓰는 일을 부업으로 삼고 있는 나의 미래는 세간의 예측이 들어맞는다면 정말이지 암울하다.

우리 회사는 오래전부터 디지털 뉴스 시대에 대비해왔다. 고령화 시대라 디지털보다 아날로그를 선호하는 노인 독자들이 건재해서 다행히도 아직은 종이 신문이 중심이지만 온라인 기사도 쓰도록 훈련받고 있다. 디지털 뉴스 생산이 가능하게 '체질 개선'을 하라는 것이다. 내 경험으로 미루어보자면 종이에 인쇄될 글을 쓰는 일과 온라인에 게재될 글을 쓰는 일은 분명히 다르다. 둘 다 글의 외양을 하고 있지만 같은 글이 아니다. 인쇄될 글이 훨씬 단단하고 정교하다.

신문에 쓰는 기사는 공들여 쓴다. 몇 번이나 팩트를 확인하고, 퇴고에 퇴고를 거듭한다. 누가 시키지 않더라도 밤 내내 신경을 곤두세우며 판이 바뀔 때마다 다시 읽는다. 온라인용 기사는 대충 쓴다. 일단 빨리 쓰는 게 중요하므로 후다닥 써서 내보낸다. '틀리면 고치면 되지.' 대수

롭지 않게 생각한다. 온라인 기사 작성을 가욋일 정도로 생각하기 때문만은 아니다. 필요하면 언제든 고칠 수 있기 때문이다. 굳이 처음부터 정성을 기울일 이유가 없다.

인쇄돼 나오는 글은 사정이 다르다. 종이에 잉크로 찍혀 나오는 글은 그 자체로 완결이다. 기회는 다시 주어지지 않는다. 개판改版할 기회가 밤새 한 번쯤은 있지만, 그래도 쓸 때마다 이번이 마지막이라고 생각한다. 쉽게 지울 수 없다는 점에서 잉크는 피와 닮았다. 피로 쓴 맹세가 무거운 것처럼 종이에 잉크로 쓴 글도 묵직하다. 금석金石처럼 수명이 길다. 흔히들 펜을 칼에 비유하지만 둘 사이에는 분명한 차이가 있다. 칼은 벼릴수록 날카로워지지만 붓은 단련할수록 뭉툭해지기도 한다. 예리한 칼날로 난도질하는 건 글쓰기의 세계에선 하수다. 뭉툭한 필봉筆鋒에는 둔중한 힘이 있다. 고수는 상처보다 울림과 여운을 남긴다.

"엄마는 왜 교수야? 유명 유튜버가 아니고?"

여덟 살 난 딸이 묻더라며 친구가 쓴웃음을 지었다. "엄마가 유튜버면 집에서 재밌게 영상 찍으면서 나랑 놀 수도 있고, 돈도 많이 벌 텐데 엄마는 유튜버보다 돈도 못 벌면서 놀지도 못하잖아." 친구들을 만나면 온통 유튜브 얘기다. 모든 사람이 '디지털 마인드'를 갖춘 건 아니라서 스트레스받는 이도 꽤 있다. 한참 이야기하다 보면 대개 이런 결론이 나온다. "시대가 이러니 어쩌겠어. 다들 하니까 한번 해보는 거지."

데이비드 호크니에 대한 강연을 한 적이 있다. 2019년 서울시립미술관 개인전으로 넉 달간 관람객 37만 5천 명을 모은 영국 화가다. 1960년대 서구 화단에선 대형 화면에 무의식적 관념을 그리는 추상표현주의가 유행했지만, 대학생 호크니는 그 작업이 무의미하다 여겼다. '나는 나 자신으로부터 비롯되는 그림을 그리지 않고 있어.' 깨달은 그는 한물갔다 여겨지던 구상 회화로 전환한다.

남성 동성애자로서 자기 고백을 담아 사랑과 행복을 그렸다. 1964년 LA 이주 후부턴 수영장 풍경에 몰두했다. 2018년 11월 크리스티 뉴욕 경매에선 호크니의 1972년 작 〈예술가의 초상〉이 9030만 달러에 낙찰됐다. 붉은 재킷에 흰 바지 차림 남성이 수영하는 남자를 내려다보는 장면을 그린 이 그림으로 호크니는 당시 생존 작가의 경매 기록 최고가를 달성했다. 붉은 재킷 남자의 모델은 연인 사이였던 열한 살 연하 예술가 피터 슐레진저. 호크니가 피터와 이별 직후 그린 작품이다.

이런 이야기를 하고 있자니 강연 참석자 한 분이 손을 들고 물었다. "호크니는 유행에 따르지 않았는데도 어떻게 성공할 수 있었던 거죠?" 예상치 못한 질문이었지만 이렇게 답했다. "모두가 A라는 지점을 향해 달려가고 있는 세상에도, 사실은 B를 원하는 사람들이 꽤 많았던 것 아닐까요?"

답을 하며 깨달았다. 재현이 더 이상 화가의 본업이 아닌 시대에 구상화를 그리는 예술가의 성패란 사진도 영상도 할 수 없는 일을 하는 것, 결국 제 마음속 풍경을 얼마나 관객들에게 효과적으로 전달하여 심금을 울릴 수 있는가에 달려 있지 않을까. 호크니는 강조했다. '카메라는 기하학적으로 대상을 보지만, 인간은 기하학적인 동시에 심리적으로도 세상을 봅니다.'* 일본 소설가 마루야마 겐지도 '영상의 시대에 왜 펜인가'를 논하며 비슷한 이야기를 했다. "영상으로는 절대 포착할 수 없는 인간의 내면을, 영상보다 선명한 언어로 표현할 수 있어야 합니다."**

강연을 마치고 생각했다. 디지털 시대에 아날로그가 살아남으려면 디지털을 모방할 것이 아니라 아날로그만이 가능한 지점을 찾아가야 하는데, 너도나도 유튜브로 달려가는 작금의 현실은 답이 아니지 않나. 남들이 뭘 하든

---

*   마틴 게이퍼드, 『다시, 그림이다』, 주은정 옮김, 디자인하우스, 2012, 52~53쪽 참조.
**   마루야마 겐지, 『아직 오지 않은 소설가에게』, 김난주 옮김, 바다출판사, 2019, 68~69쪽.

내가 하고 싶은 것, 잘할 수 있는 것을 하며 심지를 굳건히 하는 것이 중요하지 않을까.

호크니의 〈예술가의 초상〉을 떠올리며 제임스 조이스의 소설 『젊은 예술가의 초상』을 펼쳤다. 유명하고도 아름다운 장면을 다시 읽어보았다. '굶주려 죽을지도 모르는' 예술가의 길을 가려는 주인공 스티븐이 자신의 재능을 의심하며 회의하자, 대학의 학감은 말한다. "우리는 자신들에게 어떤 능력이 있는지 모르는 거야. 나 같으면 절망하지 않을걸세. Per aspera ad astra(역경을 거쳐 별에 이르도록)라는 말이 있잖은가?" *

*   제임스 조이스, 『젊은 예술가의 초상』, 이상옥 옮김, 민음사, 2001,
         294쪽.

오지 마, 월요일

"네가 0시에 온다면, 나는 선날 밤 8시부터 불안해지기 시작할 거야. 0시가 가까워올수록 나는 점점 더 불안해지겠지!"

어린 왕자와 여우의 관계는 당연히 아니다. 나와 월요일 간의 관계다. 직장 생활을 20년 해도 월요일은 여전히 두렵다. 예기불안이 심한 성격적 특성 때문에 신입 사원 때는 토요일부터 다음 주 월요일을 생각하며 불안해했는데, 이렇게는 도저히 못살 것 같아 오랜 훈련 끝에 고쳤다. 토요일엔 월요일 생각하지 말 것! 일요일 낮에도 마찬가지! 월요일 생각은 일요일 저녁부터 할 것!

월요일에 대한 불안이 불쑥불쑥 올라올 때마다 뇌의 스위치를 끄는 연습을 의식적으로 한 끝에 그나마 월요일 걱정은 일요일 밤 8시 이후로 미뤄놓게 되었다. 하지만 8시가 지나면 불안감이 스멀스멀 밀려오면서 물구덩이에 빠지는데, 그 물이 서서히 코끝까지 차오르는 것 같은 기분이 든다. 그리고 묵직한 괘종시계(따위는 물론 집에 없지만 시적 허용이라고 해두자)가 자정을 알리면…… 유리 구두 신은 신데렐라처럼 화사하고 느긋했던 주말의 나는 간곳없고 불안에 떠는 재투성이 직장인이 등장한다.

월요일이 두려운 이유는 무엇보다도 월요일 아침마다 있는 부서 회의 때문이다. 우리 부서는 월요일 아침에 정기 회의를 한다. 부원들이 돌아가면서 그 주에 어떤 기사를 쓸 것인지 발제를 하는데, 아이디어가 풍부하다면야 걱정할 일이 없겠지만 매주 아이템 고갈에 허덕이는 나로서는 그 시간이 괴로울 수밖에. "아이템 좀…… 이번 주도 땟거리가 없어." 동종업계 친구나 입사 동기에게 비굴하게 구걸해보고, 급하게 이메일도 뒤져보면서 갖은 수를 다 써보지만 쓸 만한 아이템 찾기는 참으로 어렵다. 오죽하면 일반 기업으로 이직한 동료들이 자주 하는 말, "아이템 발제를 안 해도 되니 살 것 같다".

화제가 될 만한 싱싱한 아이템을 가지고 오면 신문사에서는 말한다. "야, 그거 얘기되네! 당장 써봐!" 도무지 기사 가치가 없어 보이는 시들시들한 아이디어를 내놓으면 신문사에서는 말한다. "그거 얘기돼? 얘기 안 되잖아! 킬!" 20년쯤 전에는 이렇게 말하는 데스크도 있었다. "이 번 주 밥값을 못 했네?" '킬kill'이란 뭐고 하니, 말 그대로 '죽인다'는 뜻. 아이템이 기삿거리가 안 되니 '죽인다'는 뜻일 텐데 초년병 기자 시절 회의에서 데스크가 "킬!"을 외치는 걸 듣고 있자면 민망하기도 하거니와 정말이지 그의 손에 모가지가 비틀려 숨이 끊어지는 한 마리 닭이라도 된 기분이 들면서 등골이 오싹해졌다.

회사 부적응자로 10여 년을 살았고, 기동력이라고는 예나 지금이나 1도 없이 엉덩이가 무겁기 때문에 언론사에서 '기동팀'이라 부르는 사회부 경찰 기자로 있던 수습 시절엔 지금보다 더 회의에 들어가기 싫었다. 심지어 당시 캡(사회부 경찰팀장. '캡틴'의 준말인 듯)은 답답한 표정으로 내게 "넌 아직도 기사가 뭔지 잘 모르는 것 같다"라고 했는데, 눈치 없는 나는 울상을 지으며 "네, 전 정말 기사가 뭔지 모르겠어요"라고 답했으니…… 융통성 없는 성격 탓에 "열심히 하겠습니다" 한마디를 할 줄 몰랐던 수습 곽아람 기자에게 20년 차 곽아람 차장이 애도를 표한다. 그때 내가 회사에 적응하지 못했던 이유의 8할은 사회부 기자로서의 기사 감각이 없어 회의에서 얼어버렸기 때문인 것 같다. 캡은 "사회부 기자의 관심사는 피, 눈물, 섹스"라고 했는데 갓 대학을 졸업한 만 23세의 나는 회사의 공식 회의 석상에서 '섹스'라는 단어가 나왔다는 사실만으로 충격을 받았……(아아, 순진한 시절이었다).

주니어 기자 시절 '킬!'을 싫어했던 이유는 일단 동료들 앞에서 아이템이 킬 당하면 창피하기 때문. 심지어 어떤 데스크는 아이디어 단계에서 킬 하는 것이 아니라 기사를 보고 판단하자며 일단 쓰게 한 후, 기사가 회사 집배신 시스템에 뜨면 추신란에 'kill/얘기 안 됨'이라고 모든 사람이 볼 수 있도록 적어놓기도 했다. 이건 정말 중인환시리衆人環視裡에 도륙당하는 기분이라고나 할까. 아이템이 킬 당하면 그 한 주는 놀게 해주면야 정말 좋겠지만 회사는 직원이 놀면서 월급만 받아가게 두지 않는다. 본인 아이디어가 없으면 결국 선배가 시키는 걸 해야 하는데 선배의 손발이 되어 취재하면서 그의 머릿속 세계관을 구현하는 일은 정말 쉽지 않기 때문에 결국 쓸 만한 아이템이 없으면 '망신'과 '남이 시키는 일 하기'라는 이중고를 떠안기 일쑤였다.

그렇지만 머리가 좀 굵어지고 선배들이 만만하게 부리지 못할 연차가 되니 "킬!"이 반가워지기도 했다. 발제는 하되 데스크가 마뜩잖아해 킬 당할 만한, 즉 의무는 다하되 책임은 지지 않아도 되는, 얘기될 듯 얘기 안 될 듯,

결국 얘기가 되지 않는 면피용 아이템을 찾아나서던 시절도 있었으니 조직 생활 부적응자에게도 마침내 요령이라는 게 생겼던 것이다.

문화부 출판 담당 기자로 일하는 요즘의 나는, 신간 봉투를 뜯으면서 특히 많이 나오는 주제의 책은 따로 빼놓는다. 트렌드 기사가 되지 않을까 해서다. 취재원들과 만날 때도 독자들이 흥미를 가질 만한 재미있는 이야기가 있으면 메모해놓는다. 이 역시 아이템 발제를 위해서다. 부캐인 에세이스트 활동을 하며 북토크 등 이런저런 마케팅 행사에 참여하면서도 뭔가 새로우면 유심히 살펴본다. 월요일이 평안하려면 똘똘한 아이템만이 살 길이니까.

그렇게 다람쥐가 도토리 모으듯 차곡차곡 아이디어를 긁어모아서 매주 회의 때마다 곶감 빼 먹듯 하나둘 내놓는다. 일요일 밤 8시부터 두뇌를 풀가동시켜 월요일 발제를 준비한다. 아이템 창고에 재고가 바닥날 때도 물론 종종(자주) 있는데 신기한 것은 발을 동동 구르며 머리를 쥐어짜다 보면 뭐라도 하나 생각이 난다는 것이다. 그걸 알기 때문에 예부터 선배들은 그렇게 호통쳤나 보다. "내일 정오까지 아이템 두 개씩 내놔!"

수습 때도, 평기자 때도, 차장 대우 딱지를 단 지금도, 아이템 발제가 가장 어렵다. 회의가 금요일인 부서에 있던 때는 '금요병'을 겪었고, 수요일인 부서에 있던 시절엔 '수요병'을 겪었다. 그리고 지금은 월요병을 앓는다. 주말이 쏜살같이 지나가고, 휴대전화 화면의 날짜가 다음 날로 바뀌면서 이제는 더 이상 물러설 수 없는 새벽 시간이 들이닥치면 베개에 머리를 묻으며 몸부림친다. 오지 마, 월요일.

기자어語

어떤 직업군에든 그 세계에서만 통용되는 언어가 있다. '업계 용어'라 부르기도 하고, '은어隱語'라 하기도 하는 말. 언어에는 묘한 힘이 있어서, 남들은 알아듣지 못하는 그 말을 쓰는 사람들을 끈끈하게 결속시킨다. 일이 고될수록, 위계가 강할수록, 집단이 개인보다 우선시되는 조직일수록 은어가 발달한다. '우리는 하나'라는 의식과 남들은 모르는 우리만의 세상이 있다는 자부심을 구성원들에게 심어주어 일이 힘든 것도 잊고 몰두하도록 하기 위해, 마치 암호처럼.

처음 신문사에 취직했을 땐 많이 배워 펜대 잡고 있는 이들의 입말이 왜 이리도 거친가, 의아했다. 내가 그전까지 속해 있던 세계에서는 '본데없는 말본새'라 욕먹기 딱 좋은 말들이었다. 가장 충격적이었던 것은 상급자를 부르면서 호칭 뒤에 '~님'을 붙이지 않는다는 것이었다. "선배님"이라 하는 어느 입사 동기에게 '선배님'은 정색하며 말했다. "우리는 호칭 뒤에 '님'을 붙이지 않아. 그냥 '선배'라고 해." 차장님 아니라 차장, 부장님 아니라 부장, 국장님 아니라 국장, 심지어 사장님도 사장이라 하는 이상한 조직…… 당직을 서며 부서로 걸려오는 전화 수십 통을 받아야 했던 사회부 수습기자 시절에 "부장, 3번 전화 받으십시오" "○○○ 차장, 2번 전화 받으십시오"를 외치고 있자면 '이렇게 상사들을 막 불러도 되나' 싶었다. 그렇게 부르는 것이 일본식 어법이라는 건 나중에 알았다. 일본어에서는 '장長'이라는 단어 자체에 높임의 의미가 있기 때문에 일본 언론사의 체계를 옮겨 온 우리 언론사에서도 그렇게 부르는 거라고. 처음에는 어색했는데 시간이 갈수록 입에 붙었다. '~님'을 떼어버린 호칭의 효용도 곧 깨닫게 되었다. 늘 마감에 쫓기고, 뭐든 빨리 처리해야 하는 조직의 급박한 템포에 '~님'이라는 부름은 어울리지 않는다. "선배!" "부장!" "국장!" 신문사의 언어는 항상 짧고 단호하며 명료하다.

그나마 우리 회사가 언론사치곤 점잖은 편임을 알게 된 건 '기자 사관학교'로 불리는 모 신문사에서 경력 기자로 온 선배를 상사로 모시면서였다. '~씨'라는 후배에 대한 호칭을 그 선배는 이상하게 생각했다. "'~씨'라고 늘어지게 불러가면서 어느 세월에 일하냐?" 그 이후로 나는 '아람씨'에서 '아람아'가 되었다. 똑같이 세 글자인데 '씨'보다는 '아'가 템포가 빠르다. '~씨'라 불리는 것보다 '~아/~야'라 불릴 때 수명壽命에 대한 긴장도도 높아진다. 물론 이는 조직원의 인권이라든가 기분과는 하등 관계없는 이야기다.

어린 기자들은 '야마'라는 단어를 가장 먼저 배운다. 기사의 '주제'라는 뜻인데 신문사에선 아무도 주제라고 말하지 않는다. "네가 쓴다는 그 기사의 야마는 뭐야?" "야마를 세워서 잘 써봐"라는 식으로 말한다. 톱기사리 해봤자 아무리 길어도 200자 원고지 10매. 짧은 글이 논리를 갖추려면 주제가 명료하게 읽혀야 한다. 선배들은 종종 꾸짖는다. "제목이 나오도록 기사를 써야지. 야마가 뚜렷하지 않으니 제목이 안 나오잖아!" 야마는 일본어로 '산山'이라는 뜻인데 어쩌다 산이 주제를 뜻하게 되었는지 모르겠다. 데스크가 생각하는 야마와 내가 생각하는 야마가 다를 땐 그 야말로 배가 산으로, 아니 기사가 산으로 가기도 한다. (그래서 야마인가?)

매일매일 야마가 뭐냐고 다그침당하며 야마가 있는 글만 쓰다 보니 정말이지 진력이 나서 야마 따위 없는 글을 좀 쓰고 살았으면 좋겠다는 생각이 들기도 했다. "세상사가 그렇게 명료해? 원래 인생엔 야마 따위 없는 거 아니야?" 나는 종종 툴툴거렸는데, 각종 직업을 전전하다 기자가 되겠다며 입사한 후배의 이력을 보던 한 선배가 이렇게 말하는 걸 듣고선 그냥 포기하고 입 다물기로 했다. "얘는 인생의 야마가 대체 뭐냐?"

기자들이 '데스크'라고 말하는 걸 듣고 '책상'이라 여기면 곤란하다. 언론사에서 데스크란 '데스크를 보는 사람' '데스크 볼 권한이 있는 사람'을 뜻한다. 그러니까 데스크를 보는 것이 뭐냐면…… 후배들의 기사를 다듬고 고쳐서 완제품으로 만드는 걸 뜻한다. 보통 차장 이상을 데스크라 칭한다. 종일 데스크 앞에 앉아 있으니 데스크라 부르는 걸지도?

대부분의 언론사에서 갓 입사한 기자는 사회부 '사쓰마리察廻'가 된다. 사쓰마리 혹은 '사쓰마와리'는 경찰서에 출입하는 기자를 뜻한다. 보통 1~3년 차 주니어 기자들로 '사건기자'로도 불리는데 일본어 뜻 그대로 경찰警察을 순회巡廻한다. 지금은 수습기자 인권과 주 52시간 근무 규정 때문에 거의 사라졌다고 하는데, 오랫동안 수습기자들은 6개월가량 경찰서 기자실에서 먹고 자며 새벽부터 경찰서 '마와리廻り'를 돌았다. 마와리에 '돌다'라는 뜻이 있으니 '역전 앞'처럼 겹말인데, 기사 쓸 때는 비문에 갖은 신경을 곤두세우는 기자들이지만 말할 때는 개의치 않고 '마와리돈다'고들 한다. 수습기자들이 집에도 안 가고 경찰서에서 숙식하는 걸 '하리꼬미張り込み'라 하는데 '잠복'이라는 뜻이다. 주요 취재원의 집 앞에서 마냥 그가 나타나기를 기다리는 '뻗치기'도 하리꼬미라고 한다. 사쓰마리를 총괄하는 사회부 경찰팀장인 '캡'은 앞서 말한 바와 같이 신문사에선 '~님'을 쓰지 않기 때문에 아무도 '캡님'이라 하지 않는다. "캡, 보고드립니다" 같은 식으로 짧고 단호하게 말한다. 캡 바로 아래 고참은 '바이스vice 캡'을 줄여 '바이스'라 부른다(바이스님 아님 주의).

도제식 교육이 보편화된 기자 일의 특성상, 후배는 선배에게 일을 배운다. 한 팀이 되어 일을 지시하고 가르치는 선배를 '1진'이라 하고, 후배를 '2진'이라 이른다. 세 명 이상일 경우 막내를 '말진'이라 부른다. 단 1진, 2진, 말진은 명칭일 뿐 호칭이 아니다. 아무도 "1진!"이라 부르지 않는다. 그냥 "선배!"라고 한다.

서울시 내 경찰서들을 지역별로 두세 개씩 묶어 강남서와 서초서가 있는 '강남 라인', 중부서와 남대문서, 용산서가 있는 '중부 라인' 등으로 부르는데, 각 라인엔 1진이 상주하는 1진 기자실과 수습들이 먹고 자는 2진 기자실이 있다. 2진 기자실 역시 수습 인권 문제, 주 52시간 근무 엄

수, 코로나19 사태 등등 갖은 이유로 최근 들어 역사의 뒤편으로 사라졌다고 한다. 직접 취재하지 않고 타사 기자가 취재한 내용을 공유하는 걸 '풀pool'이라 하는데 어리바리하던 수습기자들도 머리가 좀 굵어지면 함께 하리꼬미 하는 타사 기자와 품앗이해 서로 취재한 내용을 풀 해주고 풀 받아 1진에게 보고한다. 물론 그랬다가 들키기라도 하면 호되게 질책당한다. 기자의 생명은 팩트인데, 직접 취재하지 않고 남이 알려준 내용을 믿을 수 있냐는 것이다. (나는 수습 시절 〈연합뉴스〉 기자에게 풀 받은 내용을 1진에게 보고했다가 들켜 "한 번만 더 그런 짓 했다가는 광화문 사거리에 못 박아버린다"라는 말을 들은 적도 있다.) 참고로 이 '풀'이라는 단어는 "나 오늘 회의 못 들어갔는데 부장이 뭐라고 했는지 이따 풀 좀 해줘" 같은 용례로도 자주 쓰인다.

기자들이 가장 좋아하는 건 특종特種이고, 가장 싫어하는 건 낙종落種이다. 특종은 업계 용어로 '도꾸다이' 혹은 '도꾸다니'라고 하고 낙종은 '물먹는다'라고 한다. 타지他紙는 다 썼는데 혼자만 물먹은 건 특별히 '도꾸누끼'라고 한다. 물먹은 기자는 어떻게 해야 하는가? '반까이', 즉 '만회挽回'해야 한다. "왜 물먹었어?" 질책하는 데스크에게 변명은 소용없다. "죄송합니다. 반까이하겠습니다!" 힘차게 말할 수밖에. 반까이라는 말 앞에서는 아무리 혹독한 데스크도 누그러든다. 그래서 반까이는 일간지 기자의 희망이다. 어제도 내일도 없이 '오늘'만 사는 일간지 기자에겐 특종도, 낙종도 오늘의 것일 뿐. 오늘이 지나고 또 다른 오늘이 오면 어제의 신문은 폐지가 될 뿐이라는 걸 알기에 선배들은 후배를 다독이며 말한다. "일희일비하지 마. 우리에겐 반까이가 있잖아."

바른 말 고운 말 써야 할 기자들이 일제 잔재인 일본어를 남발한다며 눈살 찌푸릴 사람도 물론 있겠지만, 정작 기자들은 딱히 일본어라는 인식 없이 쓴다. '출입처'라 하기보다는 '나와바리'라 하고, 남의 기사를 '베낀다' 하지 않고 '우라까이한다'라고 하며, '레이아웃'이나 '틀'이라 하기보다는 '와리스께'라 한다. 그 말들이 우리에겐 '노동어'이기 때문이다. 의사들이 현장에서 자신들만 아는 의학 용어를 쓰는 것처럼 우리는 우리의 일에 '노동의 말'을 부여한다. 일상어로는 정확하게 표현되지 않는 일의 감각, 외래어를 써 낯설게 함으로써 조금이나마 거리 두어 눅이는 일의 고됨……. 노동어는 순화되기 힘들다. 일이란 항상 날것이기에 일터에선 정제되지 않은 날것의 언어를 쓰는 편이 일에 집중하는 데 효율적이기 때문이다. 컨베이어 벨트 앞에 선 공장노동자처럼 우리는 매일 기사를 생산해낸다. 팩트의 정교함과 가독성에만 온 신경

을 모아 마감을 해낸다. 그래서 오늘도 데스크는 건조하
게 묻는다. "야마가 뭐야?"

글 고치기

재단사가 된 것 같은 기분이 들 때가 있다. 기사를 고칠 때 그렇다. 일단 초고를 얽어놓고 글을 슥 훑어보며 스토리 라인을 살핀다. 신문 기사는 항상 두괄식. 리드lead, 첫머리가 중요하므로 독자들의 눈길을 가장 끌 만한 내용을 싹둑싹 둑 잘라 맨 앞으로 끌어다 붙인다. 기사를 관통하는 결정적인 문장이 나온다면 더 좋다. 기사 첫머리를 리드라 부르는 건 납으로 활자를 만들던 시절에서 유래했다는 설이 있는데 영어로 납이 lead이므로 리드라 부른다고. 믿거나 말거나.

리드를 뽑고 나면 논리 전개를 고민할 차례. 이 문단 혹은 문장이 여기 붙어 있으면 어색하니까 잘라서 앞쪽에 붙이고, 이건 뒤로 가는 게 더 나을 것 같으니까 잘라서 뒤에 붙이고……. 다음엔 문장을 손질한다. 맞춤법을 고치고, 비문을 고치고, 기사에 적합하지 않은 문장들을 고치고, 누군가에게 상처를 줄 가능성이 있는 표현을 고치고, 민감한 사안인 경우에 법적 분쟁이 일어나지 않도록 문장을 고친다. 고친 문장을 묵독默讀하면서 매끄럽게 읽히지 않는 부분을 다듬어 미세 조정한다.

분량은 항상 문제다. 한정된 신문 지면에서 각 기자가 차지할 수 있는 범위는 좁다. 특집 섹션이 아닌 본지의 경우 톱기사는 아무리 길어봐야 원고지 10매. 톱 옆에 들어가는 사이드 박스는 6~7매, 아래 박스는 5매, 단신은 1.5~3매 정도다. 내 경우 분량을 채우지 못해 고생하는 경우는 별로 없다. 말이 많은 성격 때문인지 항상 길어서 문제다.

짧게 줄이는 일은 힘들다. 문장을 공들여 썼기 때문이 아니라 공들여 취재한 팩트가 잘려나가는 것이 안타깝다. 이 이야기도 들어가면 좋겠고, 저 이야기도 들어가면 기사가 더 흥미진진할 것 같고, 바쁜 취재원 붙들고 들은 이야기인데 기사에 안 들어가면 미안하고……. 마음 같아서는 다 넣고 싶지만 불가능한 일. 결국 선택의 시간이 온다. 짧은 글 내에서 완결성을 갖추기 위해 가장 필요한 팩트를 남겨두고 중언부언하는 감이 있는 내용은 과감하게 쳐낸다.

쳐낼 때는 아깝지만 막상 결단을 내려 쳐내고 나면 덥수룩한 머리를 잘랐을 때처럼 산뜻한 쾌감이 느껴질 때가 있다. 물론 매번 그렇지는 않다. 나사 하나 빠진 것처럼 어수룩하고 기우뚱해 보이는 경우도 있지만 어쩔 수 없지. 시간은 없고 지면은 좁으니 부족한 나의 필력을 탓할 수밖에.

기자들은 많이 쓰는 동시에 많이 고친다. 자기 글뿐 아니라 남의 글도 많이 고친다. 후배의 글을 고치는 것으로 '데스킹'이라 부르는 일을 일찍부터 시작한다. 막 1진이 된 주니어 기자들이 수습기자 글 고치는 걸로 시작하니 빠르면 2년 차부터 남의 글을 고친다.

남의 글 고치는 일은 어렵다. 자기 글 고치는 일보다 훨씬 어렵다. 내가 취재한 내용이 아닌데 팩트를 틀리면 안 되니까 내 글 고칠 때보다 훨씬 신경이 쓰인다. 빠진 팩트는 후배에게 다시 채워 넣으라 하고, 애매한 팩트는 거듭 물어 확인한다. 어색한 문장을 자연스럽게 읽히도록 고쳐놓고 꼭 물어본다. "이렇게 고쳐도 무리 없어? 문제 있으면 이야기해."

내 기사 자르는 게 어렵듯이 남의 기사 자르는 것도 어렵다. 어릴 땐 분량 왜 안 맞추냐며 짜증 내는 데스크들이 이해 안 갔는데 이제는 십분 이해한다. '팩트 확인하고 문장 고치는 것만 해도 힘든데 분량까지 내가 맞춰줘야 하나?'라는 생각이 든다. 후배들이 왜 분량을 넘기는지도 물론 알고 있다. 데스크가 중요하게 생각하는 팩트를 빼먹어서 "왜 이런 건 취재 안 했냐" 야단맞느니 일단 아는 걸 다 적어놓고 뭘 지울지는 데스크에 떠넘기고 싶은 거다.

어떤 선배가 데스크를 잘 보는지 후배들은 빤히 안다. A선배가 데스크를 보면 신기하게도 토씨 몇 개만 고쳤는데도 기사에서 윤기가 자르르 흐른다. 분명 내 글인데도 때 빼고 광낸 느낌이다. B선배가 기사를 줄이면 분명 분량은 줄었는데 대체 어디서 줄였는지 내 글인데도 찾기 힘들다. 뭉텅이로 잘라내는 게 아니라 미세하게 다듬는 스타일. 천의무봉天衣無縫 수준의 그런 데스킹을 '각질 제거 데스킹'이라 부른다. "어쩜 이렇게 표 안 나게 줄이세요?" 물으면 돌아오는 대답. "공들여 취재한 거 아는데 아깝잖아. 최대한 살려줘야지." 기사를 완전히 뜯어고쳐 자기 글로 만드는 데스크도 물론 있다. 고친 글이 좋고 나쁘고를 떠나서 데스크의 글 쓰는 스타일이 나와 맞으면 다행이지만, 스타일이 맞지 않으면 자존심이 상한다. 내 문장이 아닌 글이 내 바이라인 달고 나가는 것이 양심에 찔리기도 한다.

기자들은 글에 예민한 존재다. 동료 중 누군가가 마음에 들지 않을 때면 종종 이렇게 말한다. "나는 그 사람의 글이 싫어." 어떤 사람은 '~다'로 완결된 문장을 좋아하고 어떤 사람은 명사로 경쾌하게 끝나는 문장을 좋아한다. 어떤 사람을 토씨를 넣는 편을 좋아하고 어떤 사람은 토씨를 없애는 편을 좋아한다. 어떤 사람은 구두점을 즐겨 쓰고 어떤 사람은 구두점을 싫어한다. 한자어를 즐겨 쓰는 사람이 있고 우리말을 선호하는 사람이 있다. 서정적인 글을 아끼는 사람이 있고 건조한 글이 기사의 정석이라 생각하는 사람이 있다. 정답은 없고 결국은 취향의 문제인데 그 취향 때문에 대립하고 반목하고 토라진다. 가만 보면 기질 따라 글 쓰는 스타일도 다 다르다. 기질이 달라 글이 다른 것인지, 글이 달라 기질 차이가 생기는 깃인지 가끔은 헷갈린다.

후배 글 고치는 건 차라리 낫다. '외고外稿'라 부르는 외부 필자 글 고치는 일은 정말 힘들다. 지면 특성상 문화부 기자들은 외고를 많이 받는다. 신문에 실리는 글은 직관적이어야 하므로 단번에 그 기준을 통과하는 필자는 많지 않다. 어쩔 수 없이 고쳐달라 부탁해야 하는데 어떤 이들은 자기 글을 고쳐달라고 했다는 사실만으로 상처받는다. 쭈뼛대며 연락해 끊임없이 머리 조아리며 "죄송하지만 제발 고쳐주십시오" 읍소하고 있자면 차라리 내가 쓰는 편이 백배 낫겠다는 생각이 든다. 그렇지만 어쩌겠나. 내 월급에는 외고 고치고 필자에게 애걸하는 값도 포함되어 있는걸.

　연차가 낮았을 때는 필자들과 갈등이 많았다. "전화
목소리 들어보니 새파랗게 젊은 여자인데 네가 뭘 안다고
내 글을 고치라 마라야!"라고 화내는 듯한 느낌을 받은 적
도 있다. 세월이 흐르고 나이를 먹으면서 그런 문제들은
점차 나아졌다. 요령이 생긴 지금은 미리 말한다. 당신 글
이 문제가 아니라 신문이 요구하는 형태의 글이 있다고.
나는 이대로도 좋다고 생각하지만 신문이라는 매체의 특
성상 독자 눈높이를 맞춰야 하니 조금만 손봐줄 수 있겠냐
고. 그렇게 부탁하면 대부분 흔쾌히 고쳐준다.

　외고 관련해 잊히지 않는 사건이 있다. 10여 년 전 갓
문화부에 왔을 때 연세 지긋한 저명한 학자의 글을 받았
다. 나는 좋다고 생각했지만 데스크는 직전에 다른 필자가
쓴 글과 논리가 비슷하다며 가차 없이 킬 하고 다른 원고
를 대신 실었다. 바쁜 분에게 어렵게 부탁해 받은 글인데
미안해서 견딜 수 없었다. 사과하려고 전화를 드렸는데 연
락이 닿지 않았다. 문자를 드렸는데도 답이 없었다. 기분
많이 상하셨으면 어떡하지, 계속 마음 졸이고 있는데 다음
날 아침 전화가 왔다. '많이 속상하셨을 텐데……' 긴장하
며 전화를 받았는데 의외로 "역시 ○○교수(본인 대신 원
고가 게재된 필자)가 전문가라 그런지 나보다 낫더라. 글이

좋아서 두 번 읽었다. 내가 지금 지방에 내려와 있어서 답이 늦었다"고 했다. 죄송해서 면목이 없다고 했더니 그는 이렇게 말했다. "내가 곽 기자 그렇게 마음 쓸까 봐 전화한 거예요. 전혀 신경 쓰지 않아도 돼요."

기자 생활을 하면서 취재원의 명성이나 지위, 부(富)나 학식을 대단하다 여긴 적은 없다. 그런 걸 가진 사람은 세상에 많다. 그렇지만 겸손한 사람은 드물다. 그날 나는 겸손을 배웠다.

경찰서에서 만난 사이

오랜만에 넷이 만났다. J와 N과 S언니, 그리고 나.

우리 넷, 경찰서에서 처음 만났다. 갓 사회생활을 시작한 20년 전에. N과 S언니는 용산경찰서에서, J는 서초경찰서에서. 언론사에 입사하면 정식 기자가 되기 전 6개월간 수습 교육을 거친다. 몇 년 전까지만 해도 수습기자가 가장 먼저 받는 훈련은 서울시 내 경찰서 2진 기자실에서 먹고 자며 하리꼬미를 하는 것이었다. 배치된 라인의 경찰서를 돌면서 기사가 될 만한 사건이 있는지 취재해 1진에게 보고한다.

마지막 보고는 새벽 2시, 첫 보고는 아침 7시. 라인당 경찰서가 서너 개이니 택시를 타고 경찰서를 돌다 보면 잠잘 시간이 부족할밖에. 보고라도 잘하면 몸은 힘들어도 마음이 편하겠으나 갓 입사한 수습기자가 보고를 잘할 리 만무. 1진에게 전화를 걸어 "수습 ○○○입니다"라고 관등 성명부터 댄다. 전화를 받고 걸 때 '수습'이라는 말을 떼고 그냥 '○○○입니다' 혹은 '○○○ 기자입니다'라고 하면 불호령이 떨어진다. "네가 기자냐?" "수습 주제에 어디 자기 이름을 먼저 말해?" 당시에는 관등 성명 따위 뭐 그리 중요하다고 쓸데없는 걸로 군기를 잡을까, 불합리하다, 반발심이 치밀었는데 20년 지나 이른바 '꼰대'가 된 지금은 기자 일에서 가장 중요한 것이 팩트 파인딩이라 수습이 정식기자라도 된 양 긴장을 늦추는 걸 경계하기 위해 신배들이 엄격하게 군 거 같기도 하고…… 과거는 대개 아름답게 채색되기 마련이니까, 뭐.

보고를 하면 선배들은 치밀하게 묻는다. 변사 사건을 예로 들자면 자살인지 타살인지, 목을 매 죽었는지 추락해 죽었는지 찔려 죽었는지, 자상刺傷이 있다면 흉기는 무엇인지, 칼이라면 과도인지 식칼인지 회칼인지, 날의 길이는 얼마나 되는지……. 대답을 못 하면 무지막지하게 깨지는데 결국 이 모든 것이 '팩트'를 찾기 위한 훈련 과정인 셈이다. 이러저러한 이유로 경찰서 취재 경험이 없는 기자들이 간혹 있는데 이들이 팩트를 틀리거나 하면 동료들 사이에서 여지없이 이런 말이 나온다. "경찰서를 안 돌아봐서 그래." 여튼 이 수습 기간이 기자 생활 중 가장 힘든 기간으로 꼽히며, 이 과정에서 '난 도저히 이 짓 못 하겠다'며 포기하는 탈락자들도 왕왕 생긴다.

보통 언론사들이 비슷한 시기에 신입을 뽑기 때문에, 같은 시기에 입사한 여러 언론사 수습기자들은 함께 경찰서 2진 기자실에서 기숙하며 마와리를 돈다. 자연스럽게 친해지며 서로를 부를 때도 '타사 동기'라고 한다. (언론사는 입사 연도로 선후배를 따지기 때문에 타사 기자라도 나보다 입사가 빠르면 무조건 선배라 부른다.) 그렇게 각 사 수습들이 오글오글 모여 기자실 쪽방에서 남녀 구분 없이 혼숙을 했다(당시에도 서초경찰서 기자실만은 남녀 방 구분이 되어 있었다. 강남이라 경찰서마저 부유해서 그런가?). 어차피 다들 너무 피곤해 씻거나 옷 갈아입을 겨를도 없이 잠에 곯아떨어지곤 했는데 문제는 회사별 아침 보고 시간이 다르다는 것. 10분이라도 더 자고 싶은데 타사 기자들의 휴대전화 알람이 울리면…… 너무나 괴롭지만 사정 다 아는데 참을 수밖에. 보통 속보 챙겨야 하는 〈연합뉴스〉 기자가 가장 먼저 일어나 알람으로 우릴 깨우곤 했다.

S언니는 그 힘들다는 〈연합뉴스〉 기자였다. 언니를 처음 만났을 때 그는 바람이라도 불면 곧 쓰러질 정도로 가녀리고 창백해 보였다. 용산서는 중부서, 남대문서와 함

께 중부 라인에 속하는 경찰서. 기동팀에 투입돼 처음 배치받은 곳이 중부 라인이었는데 1진의 지시를 받아 자정에 용산서 기자실에 도착했을 때 지칠 대로 지쳐 유령처럼 넋 나가 보이는 자그마한 여자가 긴 머리를 늘어뜨리고 일명 '김밥 패딩' 차림으로 계단을 올라오고 있는 것이 보였다. 나보다 며칠 먼저 배치받은 S언니는 자신의 의무라는 듯 각 경찰서의 특성을 설명해주었다. A서에서는 카드깡 사건을 많이 다루고 B서 사건엔 좀도둑이 많고……. 때는 1월, 깨어진 창문을 비닐로 발라놓은 용산서 2진 기자실엔 찬바람이 숭숭 들어왔다. 당시 그 기자실엔 나와 S언니와 지금은 유명 소설가가 된 A사의 남자 수습 C가 있었으니, 세 명 딱 누우면 더 이상 사람 들어갈 자리 없는 그 기자실에서 내가 오기 전에 과년한(?) 언니 오빠 둘이 얼마나 민망했을까 싶어 가장 어린 나는 누가 시키지도 않았는데 둘 사이에 누워 잠들곤 했다.

수습들은 자주 바뀐다. 여러 라인을 경험해보는 것이 좋다고 생각한 지도부가 라인 재배치를 하곤 하는데 2주쯤인가 지나자 A사의 라인 재배치가 있어 C가 떠나고 N이 왔다. N은 나와 동갑이었고, 다정하고 친절하며 쾌활했다. 생글생글 웃는 얼굴의 N이 씩씩하게 걸을 때면 등에 멘 배낭 위로 포니테일로 올려 묶은 머리카락이 찰랑거리던 장면이 지금도 눈에 선하다. 남자랑 방을 같이 쓰다 여자 셋이 한방을 쓰게 되니 긴장이 어느 정도 풀렸고 우리 셋은 어느새 친해졌다. 셋 다 모처럼 한가했던 어느 날, 기자실에 둘러앉아 떡볶이를 먹었던 기억이 고된 수습 기간 중 드물게 행복했던 풍경으로 남아 있다.

J와는 서초서에서 만났다. N과 마찬가지로 A사 소속으로 한눈에도 다부지고 당찬 기자였다. 경쟁심에 불타 있던 우리는 물을 먹지 않기 위해 서로를 경계했다. 의사 남편이 아내를 살해한 사건이 있었는데 그 사건 관련 정보를 포착한 내가 택시를 타고 강남서로 급히 향하자 어느새 눈치챈 J가 따라붙었다. '아, 재를 따돌렸어야 하는데……' 악착같이 따라붙은 J가 어찌나 얄미웠던지. 그와 20년째 친구로 지내며 지지고 볶는 사이가 될 줄은 그땐 정말 몰랐다.

경찰서에서 맺은 인연을 말하자면 K를 빼놓을 수 없다. K와도 서초서에서 만났다. 다시 A사 라인 재배치가 있었을 때, J가 떠난 후 K가 새로 왔다. 경찰서 화장실에선 더운물이 잘 나오지 않았거니와 눈코 뜰 새 없이 울리는 전화 탓에 수습 때는 머리 감을 시간조차 없었다. 설령 샤워를 하러 가더라도 1진의 전화를 놓치지 않기 위해 비닐봉지에 휴대전화를 담아 들고 갔다. 그 바쁜 와중에도 K는 매일 머리를 감았다. 아침마다 기다란 생머리를 감고, 빗질을 하면서 찬찬히 말렸다. 저 부지런하고 깔끔한 여자는 누구인가, 나랑은 참 다르다, 생각했는데 어느새 그와도 친구가 되어 있었다.

그저 스쳐 지나갈 인연일 줄 알았는데 오래 만나게 된 사람들. 용산서에 같이 있었던 N과 S언니와 내가 계속 인연을 이어갔고 어느 날 N과 밥 먹는 자리에 N이 같은 회사에 다니는 J를 데려왔고 그날 짝짜꿍이 맞아 J와 일본 여행을 같이 가게 되었고, 그렇게 J와 친구가 되었다. S언니는 결혼하면서 직장을 그만두고 미국으로 떠났는데 수년 후 J가 미국에 잠시 머무르게 되면서 또래 아이를 둔 엄마끼리 자연스레 친구가 되었다. 오랜만에 S언니가 한국에 온 것을 기념해 한자리에 모인 우리 넷의 관계에는 그런 이야기가 숨어 있다.

나와 S언니, N과 J가 한 세트라면 나와 K, N과 J는 또 다른 세트다. K와는 종종 연락해 함께 공연을 보러 가는 사이였다. 그런데 N, J, K가 한 직장에 다니다 보니 자연히 넷이 함께 어울리게 되었다(그래서 이들은 나를 '명예 A사 기자'라 부른다). 어느새 정신을 차려보니 나는 N, J, K와 한 다발의 꽃처럼 엮여 있었다. K가 A사를 그만두고 해외 언론사로 이직한 이후에도, 그가 서울에서 도쿄로, 도쿄에서 홍콩으로, 홍콩에서 뉴욕으로 옮긴 이후에도 우리는 브런치 테이블의 네 좌석을 각각 차지하고 끊임없이 수다를 떠는 〈섹스 앤 더 시티〉의 네 여자들처럼 함께였다.

몇 년 전 홍콩에서 K의 결혼식이 있었다. K는 우리 셋에게 들러리를 서달라고 요청했고 N과 J는 흔쾌히 수락했다. 나는 망설이다 결국 거절했는데 K의 결혼식에 맞춰 과연 휴가를 낼 수 있을지가 불분명했기 때문. 다행히 휴가를 내고 결혼식에 갈 수 있게 되었을 때 얼마나 기뻤던지! 꼬질꼬질한 모습으로 경찰서에서 처음 만났을 땐 넷이 해외에서 시간을 보내게 되리라고는 꿈에도 생각하지 못했는데…… N, J와 홍콩의 미슐랭 카페에서 근사한 티타임을 가졌던 기억, 셋이 한방에 자면서 밤늦게까지 수다 떨었던 기억, 결혼식 날 N과 J가 들러리 임무를 수행하기 위해 새벽같이 나가고 나 혼자 (미안하게도) 늦잠 자고 일어나 오후 결혼식 전까지 호텔 수영장에서 느긋하게 쉬었던 기억, 피로연에서 밤늦게까지 춤추고 놀았던 기억…… 그중에서도 가장 잊을 수 없는 기억은 신부 친구들을 대표해 무대에 섰던 N의 스피치였다. 하늘색 들러리 드레스 차림의 N이 K와의 인연을 소개하며 "우리는 경찰서에서 만났습니다"라고 할 때 누군가는 어리둥절했겠지만 우리는 눈빛을 교환하며 고개를 끄덕였다. 경찰서에서 만난 사이,

아무나 경험할 수 없는 특별한 인연.

기자 생활은 외롭다. 급한 취재가 생겨 갑자기 약속을 취소하는 일도 많고, 늦은 퇴근에 잦은 휴일 출근과 주말 출근…… 일에 에너지를 쏟느라 주변을 못 챙기게 되다 보니 인연들이 하나, 둘, 떠나간다. 항상 마감에 쫓기니 신경은 곤두서 있고 마음이 바쁘니 말은 무뚝뚝하고 싸늘해진다. 같은 직종에 있지 않으면 이해할 수 없는 상황. 그래서 경찰서에서 만난 그들이 소중했다. 만나기 30분 전에 갑자기 사건 터져 약속 취소해도 눈감아주는 사이, 같이 밥 먹다가 회사에서 걸려온 전화받고 노트북 켜도 이해해주는 사이, 휴가를 같이 갔다가 갑자기 회사 연락받고 취재하느라 전화통 붙들고 있어도 화내지 않는 사이…… 그러니까 그건 일종의 품앗이 같은 것이었다. 괜찮아. 부담 갖지 말고 편하게 일하렴. 언젠가 나도 일 때문에 약속을 취소하고, 언젠가 나도 일 때문에 식사 자리에서 노트북을 열고, 언젠가 나도 일 때문에 같이 여행 온 너를 혼자 남겨둘 일이 있을 테니 너도 그때 나를 좀 봐줘, 하는.

K가 해외로 떠난 후에도 나와 N과 J는 오랫동안 함께 광화문의 밤을 밝혔다. '광화문 야근녀'. 우리가 자조하듯 붙인 이름이었다. 그날 홍콩에서, K의 결혼식이 끝나고 호텔로 돌아온 우리 셋이 루프톱 수영장에서 찰방대며 별들

이 수군대는 홍콩의 밤거리를 바라보며 감격에 젖었던 것은 '광화문 지박령'들이 사무실의 창백한 형광등 불빛 아래에서 노트북 자판을 두들기는 대신 홍콩의 야경을 앞에 두고 놀고 있다는 사실이 새삼스러웠기 때문이다.

다정한 나날만 있었던 건 아니다. 성격도 다르고 상황도 다르다 보니 서로에게 서운한 적도 있었고, 다투고 화가 나서 '다시는 연락하나 봐라' 한 적도 있었다. 그렇지만 결국은, 고향으로 돌아오듯 나는 그들에게로 되돌아갔다. 서운했던 것도, 화를 냈던 것도 돌이켜보면 결국은 그 관계가 소중해서였기 때문에.

어느새 20년 지기. 서로에 대해 알 만큼 안다고 생각했는데 이번에 만났을 때 N과 둘이 수습 시절을 떠올리며 이런저런 이야기 하던 중 N의 이 말에 충격받았다. "나 그때 너무 바쁘고 정신없어서 프라다 배낭 찢어먹었잖아." 서, 설마 수습 시절 N의 '문신템'이었던 그 회색 배낭이 짝퉁 아니고 진짜였던 건가? "난 그게 진짜일 거라고는 꿈에도 생각 못 했어. 그 험한 경찰서 생활을 하면서 명품을 갖고 올 거라 상상도 못 했거든." "그거 진짜였다고! 사촌 언니가 나한테 물려준 진짜 프라다!" 아, 그랬구나. N, 무심하게 시크했던 너를 몰라봐 미안하다⋯⋯. 어쩌겠냐, 회사 동료의 페라가모 가방을 보고 '아무래도 농협 로고 같은데

왜 농협 사은품을 들고 다니는 걸까' 의아해한 전력이 있
는 '패알못' 친구를 뒀으니 하는 수 없다 생각하렴.

마감이 다 해줄 거야

"걱정 마, 마감이 다 해줄 거야."

마감 시간이 코앞인데 한 자도 쓰지 못해 종종대고 있으면 느긋한 성격의 선배가 말한다. 마감이 다 해줄 거라고. 신문이 백지로 나오는 것 봤냐고. 그러게, 리드가 잡히지 않아서, 야마를 세우지 못해서 끙끙대다가도 마감 시간이 코앞에 오면, 그러니까 이제는 더 이상 물러설 수 없는 시간이라는 것을 인지하게 되면 손가락이 자판 위에서 저절로 움직이게 된다. 잘 쓰겠다는 욕심을 버리고, 빈 지면을 채우기만 하자는 최소한의 목표를 달성하기 위해 요이땅, 키보드 위를 손가락이 달려간다. "자, 10분 남았다. 아직도 마감 안 한 사람 빨리합시다!" 재촉하는 데스크의 목소리 외엔 고요한 마감 직전의 편집국. 타닥타닥 타이핑

소리만이 공기 속에 울려 퍼진다.

"일주일에 기사를 몇 개나 쓰세요?" 사람들이 종종 묻는다. 나는 난감해진다. "음…… 정해져 있지 않아요." 상대는 또 묻는다. "할당량 같은 게 정해져 있지 않아요?" "네…… 그렇죠. 일이 있으면 많이 쓰고, 일이 없으면 적게 쓰고……." 내일 출근해 어떤 일을 하게 될지 오늘 밤에도 모르는 이 일의 성격을 기자가 아닌 사람들에게 어떻게 설명할 수 있을까. 기자는 일이 있으면 쓴다. 기사 되는 사건이 벌어지면 쓴다. 문화부 기사는 발생보다는 기획이 많기 때문에 다른 부서에 비해서는 그나마 돌발 상황이 적은 편이지만 그래도 대중없는 건 마찬가지다. '오늘은 별일 없겠지' 하고 출근했다가도 유명인이 사고를 치거나 사망하거나 그 외의 예상도 할 수 없는 사건들이 생겨서 소위 '총을 맞는' 경우가 허다하다. 나 같은 경우 토요일 자 북스 지면을 맡고 있기 때문에 매주 금요일마다 마감도 있다. 루틴한 마감과 루틴하지 않은 마감이 뒤섞여 있는 것이 문화부 기자의 삶이라고나 할까.

일간지 기자는 기본적으로 마감을 매일 한다. 기사가 잡힌 날이면 하게 되어 있다. 우리 신문의 경우 보통 취재 기자에게 요구되는 첫 번째 마감 시간은 오후 4시 반 정도. 뉴스가 밤사이 업데이트되기 때문에 신문은 밤새 여러 번

찍는데, 예전에는 매일 저녁 길거리에서 팔았지만 요즘은 일종의 시제품 삼아 회사 내에서만 돌려보는 가판 강판降版 시간이 5시 반이기 때문이다. 강판이란 지면 편집 데이터를 윤전부로 전송하고 인쇄 태세에 돌입한다는 말이다(강판 대신 '판을 내린다'는 말도 자주 쓴다). 신문 제작 공정을 간단히 설명하자면 취재 기자의 기사 작성 ⇒ 데스크의 데스킹 및 출고 ⇒ 레이아웃 및 제목 달기 등 편집 기자의 지면 편집 ⇒ 강판 ⇒ 인쇄순이다.

긴장 속에 첫 번째 마감을 마치고 일이 끝나면 좋겠지만, 신문 기사는 많이 고친다. 뉴스 업데이트 상황에 따라 밤새 '판갈이'를 여러 번 하기 때문. 발생 사건이 적은 문화부 기자들은 첫 번째 마감으로 끝나는 경우가 많지만 시시각각 상황이 바뀌는 정치부, 사회부 기자들은 밤 시간 동안 여러 번 마감한다. 밤 9시 15분 지방판 강판에 맞춰 두 번째 마감을 하고, 밤 11시 서울 및 수도권 지역 강판에 맞춰 세 번째 마감을 하고, 광화문 등 서울 일부 지역에만 배달되는 시내판 강판에 맞춰 자정에서 새벽 1시 사이에 마지막 마감을 하는 경우도 있다. 어느 날 야근을 마치고 퇴근하는데 택시 기사가 "이 건물은 뭐 하는 곳인데 항상 이 늦은 시간까지 불이 켜져 있냐"고 물었다. "신문사라 그렇죠" 대답하면서 워라밸 시대와는 참 역행하는 직종에 나는 종사하고 있구나, 쓴웃음을 지었다.

　요즘 내게 가장 중요한 마감은 아무래도 주 업무인 북스 지면 마감이다. 출판 기자, 그러니까 소위 '책 기자'의 좋은 점은 영화나 공연 기자와는 달리 시간과 장소에 구애받지 않고 책을 읽을 수 있다는 점이고, 책 기자의 나쁜 점은 시간과 장소에 구애받지 않으니 일을 집으로 갖고 오게 된다는 점이다. 보통 매주 책 지면 톱기사를 하나씩 쓰게 되니 200쪽 이상 되는 책 한 권을 기본적으로 매주 읽는다 (200쪽 정도에서 끝나면 좋겠지만 400~500쪽을 훌쩍 넘기는 경우가 많다. 톱으로 다루는 책은 두꺼워야 톱이 톱답게 보인다는 고정관념을 나부터 버리고 싶지만 쉽지 않다).

　지면 마감은 금요일 오후 4시 반. 금요일 오전까지 책을 읽고 오후에 바로 기사를 쓰는 느긋한 기자들도 있지만 안달복달하는 성격의 나는 간이 떨려서 그렇게 못한다. 책은 항상 전날까지 읽고 금요일에는 기사 작성에만 집중하려 한다. 서평 외에도 북스 지면에 정기적으로 들어가는 외고를 받는다거나, 베스트셀러 동향 기사를 쓴다거나, 단신을 챙긴다거나 하는 자잘한 일들이 있는데 이런 일들도 목요일까지 다 해놓는 것을 철칙으로 한다.

　지난해 초 팀장이 되면서 자잘한 일들에선 어느 정도 해방됐다. 대신 독자들에게 보내는 편지인 셈인 편집자 레터와 기사 데스킹 부담이 더해졌다. 사람마다 다르겠지만 내 경우 서평 기사와 레터를 비교해볼 때, 닥쳐서 쓰기가 더 힘든 것이 레터이므로 레터 마감은 수요일에 하려고 노력한다. 초반엔 긴장해서인지 수요일에 마감을 꼬박꼬박 했는데 요즘은 목요일 오전까지로 미루는 경우가 많아진다. 아, 이러면 안 되는데……. 레터 분량은 원고지 4매가량. 팀장의 개성이 드러나는 코너인데 그렇다고 신변잡기로 흐르면 "지면이 네 일기장이냐?"라는 비판이 어김없이 나오므로 웬만하면 자아를 억누르려 노력한다. 나는 쓰기나 책 읽기에 대한 책과 그 책의 좋은 구절을 많이 소개하는데 북스 지면을 읽는 독서 애호가들이 관심 가질 만한 내용이라 생각하기 때문이다.

서평 쓸 책은 목요일에 집중해 읽는다. 연차가 낮을 때는 수요일까지 다 읽는 걸 목표로 했다. 북스 지면 회의는 화요일 3시. 화요일 오후에 책 배정받으면서부터 읽기 시작해 어떻게든 수요일에 다 끝냈다. 불안감이 높은 성격, 돌발 상황이 잦은 직업 특성상 혹여 마감 날까지 책을 다 읽지 못하는 불상사가 생길까 봐 나름 부여한 안전장치인데 이제는 그렇게 앞당겨 읽지는 않는다. 일에 익숙해지기도 했고, 무엇보다 그렇게 집중해 단시간에 읽을 만한 체력이 되지 않는다.

야행성 올빼미 체질이므로 밤늦게까지 읽는다. 예전엔 금요일 새벽 4~5시까지 읽은 적도 많았는데 역시나 체력이 달려서 요즘은 웬만하면 2시 전에 끝내려고 발동을 일찍 건다. 코로나19 상황이 책 읽기에는 도움이 되었는데, 재택근무가 일상화되면서 사무실 안 가고 집에 틀어박혀 책만 읽을 수 있었기 때문이다. 마감 전날인 목요일엔 보통 재택근무하면서 책을 들이판다. 서평을 쓰기 위한 책 읽기 방법이 따로 있냐는 질문을 종종 받는데, 질문의 의도는 기사에 필요한 내용만 쏙쏙 발라내 읽는 효율적인 독서법이 있냐는 것이겠지만 나는 성격상 그렇게 하지 못한다. 밑줄 치고 포스트잇 붙여가며 처음부터 끝까지 정독하고, 읽으면서 기사에 인용할 수도 있을 것 같은 핵심 구절을 타이핑해 저장한다. 결국은 책 한 권을 요약 정리하는 셈인데 모든 기자가 나처럼 하지는 않는다. 이는 어디까지나 융통성 없고 요령이 부족하며 불안감이 높은 데다 모범생 기질 강한 내 성격 탓이다.

목요일에 갑자기 취재가 잡히거나 급한 기사를 써야 해서 시간이 부족해 책을 끝까지 다 못 읽고 서평을 쓸 때도 간혹 있다. 슬픈 것은 대충 읽으나 꼼꼼히 읽으나 기사의 품질에는 큰 차이가 없다는 것이다. 오히려 책을 다 읽었을 땐 이 내용 저 내용 다 집어넣고 싶어 기사가 중구난

방으로 흘러가기도 하지만 대충 읽으면 오히려 핵심만 짚어 깔끔하고 가독성 좋은 기사가 나오기도 한다. 그럴 때마다 '대체 난 뭘 하고 있었던 건가' 생각이 들지만 다음 주엔 또다시 형광펜과 포스트잇을 손에 들고 시험 공부하듯 책을 읽고 있는 나⋯⋯. 그냥 성격이 팔자다.

책을 읽으며 리드를 어떻게 쓸지 구상하고 다음 날 출근하면 전날 요약 정리한 문서를 프린트한다. 프린트한 문서에 형광펜으로 밑줄을 그어가며 책 내용을 복기하고 어떤 구조로 기사를 쓸 것인지 개요를 짜본다. 적어도 오후 2시에는 본격적인 집필 시작. 달리고, 달리고, 달려서 오후 4시 반까지 슬라이딩 세이프! "기사 띄웠습니다!" 부장께 보고하면 부장의 데스킹이 이어지고 피드백을 받아 또 기사를 고친다. 편집자 및 부장과 상의하여 기사의 제목과 부제를 정하고, 내 기사 말고 다른 기사들을 틈틈이 출고하면서 편집자가 감을 잡을 수 있도록 제목을 대충 달아놓고, 혹여 본문이나 제목에 오자가 없는지 살피고⋯⋯ 마감날은 바짝 긴장한 상태로 정신없이 숨 가쁘게 흘러간다.

지면이 완성된 5시 30분. 부장이 저녁 가판 회의에 들어간다. 잠시 숨을 돌리면서 채 마무리하지 못한 제목들을 편집자와 함께 다듬는다. 우리 신문 북스 지면은 두 면. 서평은 보통 여덟 꼭지, 베스트셀러 동향 한 꼭지, 외고 두 꼭지, 제목 없는 단신 두 꼭지. 챙겨야 할 제목만 해도 열한 개다. 저녁 회의에서 아무 지적도 안 나오기를 정화수 떠 놓고 기도하는 심정으로 빌지만, 직장 생활이 그리 쉬운가. 보통 회의에서 지적이 나온다. 내용보다는 제목 관련한 지적이 많아서 또다시 편집자와 머리 맞대고 제목을 고친다. 그나마 제목 고치라면 다행이지 어쩌다 한 번씩 기사가 적절치 않으니 빼고 다른 기사로 바꾸라는 지적이 나올 때가 있는데 그러면 그야말로 멘붕……. 차라리 땅이 열려 이 자리에서 나를 삼켜버리거나, 물거품이 되어 사라져버렸으면 좋겠다는 생각이 든다.

그래서 금요일 저녁엔 항상 녹초가 된다. "제가 그 어려운 일을 또 해냈지 말입니다!"라고 드라마 〈태양의 후예〉 주인공처럼 외치고픈 일말의 뿌듯함도 물론 있지만 그보다는 "오늘 하루도 진하게 보냈다"는 만화 『미생』의 대사를 내뱉으며 단내 나는 숨을 내쉴 때가 더 많다. 마감의 힘으로 마감을 하는 건지, 나의 힘으로 마감을 하는 건지 도무지 모르겠다고 생각하면서 나는 오늘도 마감을 한다.

책 기자

책 읽은 대가로 돈 받는 직업, 누구나 선망한다. 그 '꿈의 직업'을 가진 사람이 세상에 있으니, 바로 나다. 2010년 갓 문화부 발령을 받았을 때 출판 담당 기자를 1년간 했고 2018년부터 연달아 5년째 하고 있다. 합이 6년. 기자 생활 20년을 통틀어 가장 오래 담당한 분야다.

'책 기자'라고도 불리는 출판 기자의 주 업무는 매주 쏟아지는 신간 서평 작성, 출판계의 각종 사건 사고 및 트렌드 취재다. 우리 회사의 경우 출판 담당 기자와 문학 담당 기자가 따로 있는데 일견 겹치기도 하지만 성격이 다르다. 출판 기자의 주 출입처는 출판사이고, 주된 취재원은 출판사 대표나 편집자 등 출판 관계자들이다. 문학 기자의 주된 취재원은 시인, 소설가 등 문인이며, 주 출입처는 문학 전문 출판사다. 출판 기자는 문학 외의 모든 책의 서평을 쓰며, 문학 기자는 문학책 서평만 쓴다. 시인이 별세하면 문학 담당 기자가 부음을 쓰고, 출판인이 세상을 뜨면 출판 담당 기자가 부음을 쓴다.

책 읽고 서평 쓰는 데도 에너지가 많이 들지만 그보다 더 에너지가 많이 드는 일은 (내 경우) 신간 봉투 뜯는 일이다. 보통 한 주에 쏟아지는 신간은 100권이 넘는다. 어린이책과 문학책까지 합치면 훨씬 많을 텐데 어린이책과 문학책은 담당이 따로 있으니 열외로 한다. 신간이 나오면 저자보다 더 빨리 받아보는 곳이 언론사인데, 출판사들은 여산통신이나 북피알 같은 출판 홍보 업체를 통해 언론사에 신간을 배포한다.

여산통신과 북피알 배달부는 책이 든 누런 봉투를 차곡차곡 쌓아 노끈으로 묶어 양손으로 들고 금요일, 월요일, 그리고 화요일에 주로 편집국에 등장한다. 우리 신문의 경우 신간 소개 지면이 토요일 자라 서평 마감이 금요일이고, 지면에 소개할 책을 확정하는 북스 회의는 화요일 오후에 있다. 대부분의 출판사가 이 스케줄에 맞춰 책을 보내기에 수, 목요일엔 신간이 거의 오지 않는다.

별것 아닌 것 같은 신간 봉투 뜯는 일엔 힘이 꽤나 든다. 책이라는 것이 생각보다 무겁기 때문에 물리적으로도 힘들지만, 봉투를 뜯는 동시에 지면에 소개할 만한 책인지 아닌지 판단해야 하므로 정신적으로도 피로하다. 기사된다, 안 된다, 기사 된다, 안 된다……. 개봉한 봉투를 하나씩 바닥에 떨구며 책을 분류할 때마다, 꽃잎을 하나하나 뜯으며 그는 나를 사랑한다, 사랑하지 않는다, 점치는 옛이야기 속 아가씨가 된 것 같지만 책 고르는 일은 그렇게 낭만적이지 않다. 책 봉투나 보도자료에 손을 베어 피를 보는 일도 잦다. 그런 날이면 종일 기분이 언짢은데, 종이처럼 얇고 연약한 존재에게 당하고 말았다는 자괴감 때문인 걸까?

봉투를 뜯어 책을 꺼낸 후 우선 책 만듦새와 제목으로 첫인상을 살피고, 저자 약력과 출판사를 훑어보며 신뢰도를 가늠한다. 신문사에 배포된 모든 책갈피엔 책을 홍보하는 내용이 담긴 보도자료가 꽂혀 있다. 최근 우리 부서에 발령받아 온 MZ세대 후배는 이 디지털 시대에 종이봉투에 담긴 종이 책에 종이로 된 보도자료가 끼워져 배달된다는 사실에 충격을 받았다고 한다. 그러게, 전자책이 주가되는 시대가 도래하면 보도자료도 이메일로만 보내게 되려나?

소개할 책을 선정할 때는 객관성과 균형이 중요하다. 고른 책들을 놓고 출판사가 겹치지 않도록 안배한다. 만듦

새와 내용의 훌륭함이 꼭 정비례하는 것은 아니기 때문에 그럴듯한 겉포장에 혹해 내용의 빈약함을 알아채지 못할까 경계한다. 나의 취향도 물론 반영되지 않을 수 없겠지만, 내 취향의 한계를 누구보다도 잘 알고 있기 때문에 지면 구성이 지나치게 내 취향으로 기울지 않도록 신경 쓴다. 내가 좋아하는 책은 연성軟性이지만, 딱딱하더라도 시의성 있는 주제를 의식적으로 택하려 하고, 줏대를 가지되 나와 성별이나 연령대가 다른 동료들의 의견에도 귀 기울이려 애쓴다.

서점가에서 '잘 팔리겠거니' 미는 책과 신문에서 소개하는 책은 온도 차가 있다. 파는 것은 상인의 미덕일 뿐 기자의 미덕은 아니기 때문에, 의식적으로라도 상업주의와는 거리를 두려 노력한다. 양서良書라 자부할 수 있는 책을 독자들에게 소개하는 것이 서평 담당 기자의 의무이기에 '대체 누가 사겠나' 싶은 두껍고 묵직한 책에 투자한 출판사들의 사기를 조금이나마 북돋아주려 노력한다. "요즘 같은 세상에 우리라도 이런 책 소개해야지." 신문에 소개할 책을 고르면서 기자들은 말한다. 출판 기자의 자부심은 그런 마음에서 오고, 인쇄 매체가 사양길로 접어든 시대에도 종이 신문의 경쟁력은 거기에 있다 생각한다.

시장이 열광하는 베스트셀러에 '많이 팔린다고 해서

꼭 좋은 책은 아니야' 냉소할 수 있는 자존심, 한 사람이라도 더 좋은 책을 읽도록 만들고 싶다는 소망……. 그것이 손 베어가며 신간 봉투 뜯고, '책은 쏟아지도록 많은데 소개할 만한 책은 왜 드물까' 고민하며 책 고르고, 눈이 빠져라 읽고, 마감 시간에 허덕이며 서평을 쓰는 책 담당 기자의 마음이다. 그래서일까, 토요일 아침 타지 북 섹션을 살펴보면 신기하게도 서로 짠 것처럼 고른 책들이 비슷하다. 사람마다 취향은 제각각이지만 좋은 책을 골라내는 기자의 눈은 결국 한 방향으로 수렴하는지도 모른다.

어느 서평가의 고백

책 읽고 월급 받는다는 그 좋은 직업에도 나름의 고충이 있다. 직업은 어디까지나 직업일 뿐, 취미가 아니기 때문이다. 세상에 공짜란 없는 법. 옛날 어른들은 말씀하셨다. "남의 주머니에서 돈 빼 먹기가 어디 쉬운 줄 아니?" 이렇게 말하는 인생 선배들도 있다. "일이 즐거우면 회사에 돈 내고 다녀야지, 회사에서 왜 네게 돈을 주겠니?"

내게는 이 말들보단 얼마 전 출판평론가이자 작가 한미화가 소셜 미디어에 쓴 문장이 더 와닿는다. "취미가 직업이 되면 밀월蜜月은 끝난다." 직업 서평가의 고통에 대한 글의 첫 문장이었는데 밑줄을 100번쯤 긋고 싶었다.

고통은 애정과 비례한다. 책 읽기를 좋아하는 만큼, 책 읽기가 일이 된 것이 힘들다. 누군가와 사이가 틀어졌을 때, 그를 사랑했던 만큼 그가 미워지는 것과 마찬가지라고나 할까. 책 읽기가 좋아 국문과에 가고 싶어 했던 고등학생 시절의 내게 국문학 전공자인 아버지는 "너만은 책 읽는 즐거움을 잃지 않았으면 좋겠다"며 반대했는데 이제는 그 이유를 알 것만 같다. 책 읽기가 절대적인 취미이자 안식이었는데, 일이 된 이후로는 오히려 취미나 휴식으로서의 책 읽기를 못 하고 있다. 퇴근하면 더 이상 글자를 들여다보기 싫다. 문자에 절여진 뇌와 안구를 깨끗이 헹궈내고 싶을 뿐. 그래서 주로 TV를 보거나 인터넷쇼핑을 하며 뇌를 비운다(고 변명해본다).

매번 좋아하는 책을 읽고 서평을 쓸 수 있다면 그나마 고통의 강도가 덜하겠지. 그렇지만 일이란 그렇게 만만하지 않다. 기사 가치가 있는 책과 내가 읽고 싶은 책은 번번이 어긋난다. 결국 잘 알지도 못하고, 관심도 없고, 일이 아니면 딱히 읽을 이유가 없는 책과 매주 씨름하게 된다. 단시간 내에 책을 읽고, 핵심을 파악하고, 독자들에게 쉬운 언어로 설득력 있게 전달해야 한다. 서평 담당 기자의 가장 큰 고통은 여기에서 온다.

다섯 권 중 세 권은 그가 전혀 모르는 주제를 다루고 있기 때문에 작가에게뿐 아니라(물론 작가는 서평가의 습성을 다 안다) 일반 독자에게까지 책을 읽지 않았음을 들키는 크나큰 실수를 하지 않으려면 적어도 50쪽은 읽어야 한다. 오후 4시면 그는 이미 포장지에서 책을 꺼냈겠지만 펴볼 용기가 나지 않아서 괴로워하고 있을 것이다. 이 책들을 읽어야 한다고 생각하면, 심지어는 종이 냄새만 맡아도 피마자유를 뿌린 차가운 쌀 푸딩을 먹어야 할 때와 같은 느낌이 든다.*

이렇게 쓴 사람은 소설가 조지 오웰. 세계문학사에 한 획을 그은 대문호가 나 같은 잔챙이 글쟁이와 같은 고통을 느꼈다는 것만으로도 어쩐지 위로가 된다. '일반 독자에게까지 책을 읽지 않았음을 들키는 크나큰 실수를 하지 않으려면'이라는 구절에 나는 밑줄을 긋는다. 매주 꾸역꾸역 책 한 권을 다 읽어내는 속내는 직업적 윤리나 타고난 성실성 때문이라기보다 사실 여기에 있다. 안 그래도 잘 모르는 주제의 책인데 끝까지 읽지라도 않으면 눈 매운 독자들이 일제히 들고 일어나 비난할 것만 같다. "책도 안 읽고

---

* 　조지 오웰, 「어느 서평가의 고백」, 『조지 오웰 산문선』, 허진 옮김, 열린책들, 2020, 104~105쪽.

썼구만!" 혹은 이런 욕을 먹을지도 모른다. "출판사에서 돈 받았나?"

자신 없는 주제의 책을 읽고 리뷰해야 할 때면 항상 생각한다. 대부분의 독자는 나와 눈높이가 비슷할 거라고, 어떤 주제에 대해 해박하다는 것이 기자에게 꼭 좋은 것만은 아니라고, 이 주제를 이 책으로 처음 접하는 내가 이 책을 독자들에게 가장 잘 설명할 수 있는 사람이라고 스스로를 설득한다. (물론 자신 있는 주제의 책에 대해 쓸 때는 반대로 생각한다. 내가 이 주제를 잘 아니 가장 잘 쓸 수 있어!)

그나마 다행인 것은 동료들 중에 각 주제에 해박하여 좋은 스승이 될 만한 이들이 있다는 점이다. 잘 모르는 주제의 책에 대해 서평을 쓸 때는 항상 동료들에게 물어본다. 기본 개념을 설명해달라 하고, 서평을 쓰고 난 이후에도 틀린 게 없는지 감수를 부탁한다.

최근엔 미국 학자가 K팝에 대해 분석한 책을 리뷰했다. 흥미로운 책이고, 톱으로 크게 다룰 만한 책이라는 확신은 드는데 문제는 내가 음악에 문외한이라는 것이다. 클래식 음악은 물론이고 대중음악도 잘 모른다. 음악가의 생애에 대한 책이라면 사람 이야기이니 그나마 무리가 없겠지만 음악 자체가 주제인 책은 도무지 자신이 없다. 그 주제에 대해 잘 아는 동료가 같은 팀에 있다거나, 아니면 마침 손이 비어 서평 써달라는 청에 흔쾌히 응한다면야 좋겠지만 그렇지 않으면 서평 담당인 내가 기사를 쓸 수밖에……

원서 제목이 'Soul in Seoul(서울의 소울)'이길래 대중음악을 담당하는 후배에게 전화를 걸어 '소울 뮤직Soul Music'의 '소울'이 무엇인지부터 배웠다. 책을 읽어가는데 아무리 그 분야를 연구하는 학자가 쓴 책이라지만 미국인보다 한국 대중음악을 모르는 나 자신에 대해 자괴감이 들었다. 기사를 쓰면서 헷갈려 "현진영이랑 서태지 중 누가 먼저 데뷔했지?" 팀원에게 물었더니 그는 말한다. "잘 모르겠습니다. 찾아보겠습니다." 생각해보니 팀원은 1995년생. 현진영, 서태지가 데뷔한 1990년대 초엔 태어나지도 않았겠네. 미안하다, 내가 잘못했다.

그래도 20년 기자 생활을 허투로 한 건 아니라 어찌어찌 글을 얽어 기사를 쓰고, 데스크의 지적 없이 무사히 통과한다. 그래도 불안한 마음에 다시 대중음악 담당하는 후배에게 연락해 기사에 문제없는지 읽어봐달라고 한다. 조언을 받아 기사를 고친다. 아는 것에 대해서만 쓰면 참 좋겠지만, 일이란 그렇지 않은 것. "저 이 분야 잘 모르는데요"라고 불평하는 후배 기자에게 선배들은 말씀하셨지. "아는 것만 쓸 거면 기자 왜 해?"

출판 담당 기자가 된 이후로 책이란 언제나 취재 대상. 읽기 버거운 책에 대해 리뷰를 쓸 때면 입 무겁고 까다로운 취재원을 대할 때처럼 눈치 보며 살살 달래 이야기를 끌어낼 수 있으면 좋겠지만, 불행하게도 책에는 입이란 게 없다……. 그저 묵묵히 책장을 넘기는 수밖에.

누군가는 안쓰러워하며 말한다. 기사에 쓸 부분만 발췌독해도 충분할 텐데 왜 고지식하게 책을 다 읽으려 하냐고. 그러게 왜 나는 고통을 자처하는 걸까. 스스로에게 묻다 보면 답이 나온다. 책 읽기를 사랑하는 만큼 완독이 주는 기쁨을 알기 때문이다. 완독의 힘을 알기 때문이기도 하다. 무엇보다도 나는 안다. 일이라는 건 대충 하면 그저 월급 받는 대가에 그치고 말지만 열과 성을 다하면 그 누구도 빼앗아 갈 수 없는 자산이 되어 내 안에 남는다는 걸. 결국 성장하고 싶다는 이기적인 욕구 때문에 한숨을 쉬면서도 남은 책장을 세어가며 읽고 읽고 또 읽는 것이다.

책가뭄

추석이나 설날은 제발 금요일이면 좋겠다고 생각한다. 명절 다음 날 아침 신문은 발행되지 않기 때문이다. 여러 번 말했지만 북스 지면은 토요일 자. 그렇게라도 한 주 쉬어 보고 싶다는 서평 담당 기자의 사심 어린 바람이다. 우리 신문의 경우 보통 명절 연휴 마지막 날은 출근해 신문을 만들기 때문에, 그날이 금요일인 건 책 기자의 복지에 아무런 도움이 되지 않는다. 연휴가 주초에 몰리는 것도 마찬가지. 우리만 나와서 일하지 남들은 보통 연휴 전날부터 휴가를 내서 쉰다. 즉 출판 담당 기자의 주 거래처(?)인 출판사가 쉬고, 출판사의 주 거래처인 인쇄소가 쉰다는 말이다. 당연히 신간도 발행되지 않는다.

먹거리가 없어도 끼니는 챙겨야 한다. 책은 나오지 않

아도 신문은 나온다. 소개할 만한 신간은 없어도 채워야
할 지면은 있다. 아아, 어쩔 것인가. 먹여야 할 자식들은 줄
줄 딸려 있는데 멀건 풀때죽만 올려 곤궁한 밥상을 차려야
하는 옛날 가난한 집 어머니의 한숨이 이해가 간다. 그 시
절 어머니들은 초근목피草根木皮라도 구해와 자식들을 먹였
겠지만 '책가뭄'의 출판 기자는 어떻게 하나? 빈약한 재
료나마 가지고 이렇게 저렇게 지면 구상을 하다 보면 내가
당장 책을 한 권 쓰는 편이 낫겠다는 심정이 든다.

문제는 이런 책 기근이 연휴 때만 닥치는 게 아니라는
것이다. 지면에 소개할 만한 책을 고르는 신문사의 기준이
워낙 엄격하기 때문에 사실 매주 톱 거리를 찾느라 종종대
지만, 그걸 감안하더라도 이상하게 소개할 만한 책이 없는
주가 있다. 보통 출판계의 비수기가 그렇다. 선거가 있는
달이라거나, 올림픽이나 월드컵이 있다거나, 아니면 여름
휴가 철이라거나, 혹은 연말이라 신간을 내보았자 딱히 팔
리지 않을 것 같은 시기. 사정이야 이해하지만 책 기자는
애가 탄다. 더 애가 타는 건 쓸 만한 책은 꼭 몰아서 나온다
는 것. 출판사들이 생각하는 책이 팔릴 만한 시기가 얼추
비슷하니 그렇겠지만 이렇게 몰아서 내지 말고 띄엄띄엄
내주면 일하기가 좀 수월할 텐데……. (물론 이건 어디까지
나 담당 기자 입장에서 하는 이야기다.) 책가뭄이 지속될 것

같은 불길한 예감이 들면 괜찮은 책들은 다음 주를 위해 꿍쳐놓는다. 책 지면도 엄연히 뉴스의 성격을 띠므로 최신간이 아닌 책은 잘 다루지 않지만, 굶어 죽게 생겼는데 묵은 밥이라고 안 먹을 순 없지. 할 수만 있다면 병조림으로 만들어 찬장에 쟁여놓고 싶다.

똘똘한 한 채, 아니 똘똘한 한 책, 아니 똘똘한 한 권을 리뷰해 각 면 톱을 세우는 것이 신문 만드는 입장에서는 가장 좋지만, 회사 내외에서 누구나 수긍할 만큼 똘똘한 한 권이 없으면 어쩔 수 없다. 다행히도 비슷한 주제의 책이 여러 권 나왔을 경우엔 한데 모아 책들이 서로의 부족한 부분을 받쳐줄 수 있도록 함께 리뷰한다. 아니면 시의성 있는 주제를 하나 잡아 그와 관련된 책 기획 기사를 쓴다. 이를테면 러시아가 우크라이나를 침공했을 때 푸틴에 대한 권위 있는 책을 소개한다거나……. 지면을 만들어놓고 보면 타지와 차별도 되고 '오, 잘했어!' 싶지만 사실 많은 경우 책가뭄을 나기 위한 담당 기자의 고육지책苦肉之策이다.

아무리 머리를 굴려보아도 모아서 쓰거나 기획이 불가능한 경우도 있다. "마땅한 게 없으니 이번 주는 지면을 다른 나와바리를 위해 비워주겠습니다!"라고 말하고 싶지만 그랬다간 "응, 네 책상부터 비워!"란 답을 들을 게 뻔하므로 그럴 땐 눈물을 머금고 스스로와 타협을 한다. 그 주 나온 신간 중 가장 좋은 걸 찾으려 애쓴다. 모든 책에는 배울 점이 있다는 지론 아래, 단 한 명의 독자에게라도 그 책이 의미가 있으면 좋겠다는 마음으로 책을 읽는다. 그렇게 포착해낸 책의 미덕이 돋보이도록 끙끙대며 리뷰한다. '아무리 생각해도 톱 거리는 아닌데' 켕기는 마음으로 쓰게 된 리뷰가 그러나 나의 안목, 나의 신념, 나의 취향 따위와는 상관없이 열띤 호응을 얻을 때가 있다(사실 많다). 반응은 보통 사내社內에서 가장 먼저 오는데, "오늘 지면에 나간 그 책 여분 있으면 줄 수 있어?" 같은 말을 듣고 있자면 '대중이란 무엇인가'라는 생각과 함께 그동안 독자와 눈높이를 맞추지 못했다는 자각에 가슴에 손을 얹고 겸허히 반성하게 되는 것이다.

이번 주에도 비보가 전해졌다. 월요일은 보통 책이 가장 많이 오는 날. 그러나 미어캣처럼 목을 길게 빼고 아무리 기다려도 두 군데의 신간 배본 업체 중 한 곳인 A업체 배달부가 나타나지 않았다. 기습 폭우로 서울 강남이 침수된 날이라 '비가 너무 많이 와서 못 오시나?' 하여 A업체에 전화를 걸어봤다. 아니, 그런데 이럴 수가. 수요일까지 휴가라고 한다. 내가 알기로 지난 12년간 휴가 간다고 책을 안 보내는 일은 한 번도 없었는데! "그럼 이번 주 신간 배달 안 하시나요?" 물어봤더니 "저희가 휴가라 출판사에서 책을 안 받아 왔어요"라는 답이 돌아온다. 여기저기 취재 해봤더니 올해부터 A업체는 인쇄소들이 대부분 여름휴가 를 가는 8월 첫 주에 전 직원이 휴가를 가기로 했으며, A업 체와 거래하는 출판사들도 그 일정에 맞춰 책을 찍지 않기 로 했다고 한다. 아니, 사장님, 물론 휴가야 가셔야겠지만 다 함께 쉬시면 저희는 뭘 먹고 살라고……. 이 충격을 나 누고자 'A업체 전 직원 휴가, 이번 주 신간 배본 안 함'이라 는 자그마한 나의 단독 기사(?)를 타사 출판팀 후배에게 귀띔해주었다. "하, 또 보릿고개네요……." 카카오톡 채팅 창 너머로 긴 한숨 소리가 들려온다. 이번 주, 다들 힘들겠 군. 그렇지만, 그래도 신문은 나온다. 늘 그렇듯이.

보도자료에 낚이다

또 낚였다. 반 정도 읽고 나서야 깨달았다. 보도자료에 적힌 짜릿하고 감칠맛 나며 콕콕 머리에 들어오는, 그러니까 기자라면 누구나 솔깃해할 만한 '기사 되는' 내용은 이 책에 없다는 걸. 혹시나, 실낱같은 희망을 품고 책장을 넘겨보지만 역시나 없다, 매혹적인 제목거리가 나올 만한 구절 같은 건. 이제라도 책을 바꿔야 할 것 같은데 마감이 바로 내일. 대체 언제 책 다시 고르고, 언제 다 읽고, 언제 기사를 쓴단 말인가. 정말이지 울고 싶다.

책 기자의 대표적인 애로 사항 중 하나는 책을 다 읽고 지면에서 어떤 책을 다룰지 결정할 수가 없다는 것이다. 책을 읽는 일에는 꽤나 시간이 소요되기 때문에 매주 100권 넘게 쏟아지는 신간을 다 읽는 일은 처음부터 불가능하다. 몇 권의 후보군을 골라놓고 지면 계획을 짜는데, 그 몇 권도 사전에 완독하는 건 시간상 불가능하다. 결국 보도자료에 기대 책 내용을 우선 파악하고, 보도자료가 흥미로울 경우 서문과 핵심적인 내용이 담겨 있을 것 같은 챕터 한두 개 정도를 읽으며 지면을 할애할 만한 책인지 아닌지를 판단한다.

자신이 기획한 책이 널리 알려지길 바라는 편집자들은 '이 책은 꼭 읽어야 합니다!' '이 책을 소개하지 않으면 후회할 겁니다!' '이 책 정말 좋은 책입니다!'라는 복선을 깔고 온갖 미사여구를 동원한 보도자료로 기자들을 유혹한다. 편집자와 출판사에 따라서 보도자료도 각양각색이지만 물론 기자 입장에선 충실한 보도자료가 부실한 보도자료보다 낫다. 그렇지만, 그렇다고 해서 책에 없는 내용을 쓰시면…… 이러기 정말 있기, 없기?

보도자료를 보고 찬탄을 금치 못했는데, 책을 읽고 나서 더욱 찬탄을 금치 못하게 되는 경우가 왕왕 있다. 책 내용이 아니라 보도자료를 작성한 담당 편집자의 글솜씨에. 별것 아닌 내용을 부풀려 쓴 기사를 보고 흔히들 '기자가 소설을 썼다'고들 비판하는데, 경험상 기자들만 소설을 쓰는 게 아니라 편집자들도 소설을 쓴다. 아무리 보도자료라도 사실과 의견은 구분되어야 하는데 종종 책 내용과 편집자의 의견이 뒤섞여 구분되지 않는 보도자료가 있다. 문제는 그런 보도자료에 적힌 편집자의 '의견'이 너무나 기삿거리로 훌륭할 경우. 심지어 이런 보도자료일수록 문장력이 좋게 마련이라 바쁘고 정신없는 기자들은 홀랑 속아 넘어가고야 만다. 훌륭한 책이라고 철석같이 믿고 읽기 시작했는데 읽다 보니 보도자료만 훌륭해……. 뺨을 타고 흐르는 눈물은 기대가 무너진 배신감 때문인가, 다른 책을 집어 들고 처음부터 책 읽기라는 지난한 마라톤을 다시 시작해야 하기 때문인가.

보도자료에 혹해 책을 읽기 시작했는데, 기사에 꼭 넣어야겠다 싶어 형광펜으로 줄 치고 별까지 그려놓은 그 내용은 아무리 찾아도 책에 없었던 어느 날. 혹시나 내가 읽다가 놓쳐 못 찾은 건가? 궁금해 편집자에게 전화를 했더니 겸연쩍어하며 하는 말. "제가 재주를 넘었다고 생각하실 수도 있지만 꼭 그런 것만은 아니고요……." 허탈한 와중에도 '재주를 넘는다'는 표현이 재미있어서 웃고 말았다. 그 말이 출판계에서 널리 통용되는 표현인지는 아직도 모르겠지만.

그래서 책을 읽다가 보도자료에 '낚였다'는 걸 깨달으면 어떻게 하느냐……. 도저히 기사로 못 쓰겠다 싶은 책이면 버리고 울면서 또 다른 책을 새로 읽는다. 그래도 쓸 만하다 싶은 책이면 역시나 울면서 끝까지 읽고 서평을 쓴다. 그렇지만 보도자료를 읽으며 구상했던 소위 '기깔나는' 리드와 제목은 더 이상 없다. 어쩔 수 없지, 책을 더 꼼꼼히 살펴보지 못한 내 탓인걸. 출판사의 미덕은 열과 성을 다해 책을 파는 것이고, 기자의 미덕은 최선을 다해 팩트를 보도하는 것인데 운 나쁘게 두 직군의 미덕이 상충했을 뿐이라고 생각하며 마음을 다잡는다.

어디 책뿐이랴. 영화 담당 기자는 재미있을 거란 기대감을 안고 영화를 보기 시작했다가 지루해서 존다. 공연 담당 기자는 공연이 끝나고 나서야 그 공연이 '망작'임을 안다. OTT 담당 기자도 짤막한 홍보 자료만 읽고 시즌이 몇 개나 되는 기나긴 미국 드라마를 보다가 실망한다. 얘기될 줄 알고 마음먹고 시간 투자해 일하기 시작했는데 그 일이 결과적으로 무용해지는 경험은 기자라면 대부분 겪는 일이다. 그런데 난 왜 출판 담당 기자만 억울한 것 같지? 내 속을 들여다보기라도 한 것처럼 조지 오웰은 다음과 같이 말했다.

그러나 이 세상 모든 사람에게는 내려다볼 사람이 있는 법이다. 서평과 영화평론을 모두 써본 입장에서 나는 서평가가 영화평론가보다 낫다고 말해야 할 것이다. 영화평론가는 집에서 일할 수도 없고, 오전 11시에 열리는 시사회에 참석해야 하며, 한두 가지 눈에 띄는 예외를 제외하면 질 나쁜 셰리주 한 잔에 명예를 팔아야 한다.*

여기자

나만 없어, Y염색체.

회의실 한구석에서 남몰래 한탄한다. 또 나만 없네, 그놈의 Y염색체. 양복바지와 셔츠 차림의 남자들 속에서 나 혼자만 여자다. 당직 날 부서장 이상이 참석하는 야간 지면 편집회의에 부장을 대리해 들어갈 때마다 G7 정상회담에 깍두기로 참가한 제3세계 외교 사절이 된 기분을 느낀다. 2022년 12월, 우리 회사 편집국의 여성 부장은 딱한 명인데 그 한 명도 뉴스 제작 부서에 있지 않아 지면 회의에 잘 들어오지 않는다. 남자들끼리, 남자들의 언어와, 남자들의 세계관으로 진행되는 회의를 보면서 '세상의 절반은 여자인데 세상을 담는다는 신문을 이런 식으로 만들어도 되나' 생각한다. 여성 기자 수는 또 어떤가. 우리 회사 편집국 소속 전체 기자 수는 237명, 여성 기자 수는 66명이다. 예전에 비하면 많이 늘었다며, 여성 기자가 더 이상 마이너리티가 아니라고 주장하는 이들도 있지만, 비율로 따지면 고작 28퍼센트다. 비단 우리 회사만의 문제는 아니다. 한국여성기자협회 조사에 따르면 2022년 10월 기준 국내 언론인 중 여성 비율은 약 30퍼센트로 추정된다. 여성 임원 비율은 5.92퍼센트, 국·실·본부장급은 14.09퍼센트, 부국장급은 12.72퍼센트, 부·팀장급은 19.25퍼센트에 그친다.

직장 생활을 한 지 20년이 되었으니, 마이너리티로 산 지도 20년이 되었다. 사회생활을 하기 전에는 여자라서 마이너리티라고 생각해본 적이 없었다. 딸이라고 대우 못 받는 집에서 자란 것도 아니었고, 학교에서는 성별보다 성적이 중요했다. 그런데 회사 생활을 시작하니, 원. 마이너리티가 달리 마이너리티인 게 아니라 단어 뜻 그대로 '수가 적기 때문'에 마이너리티라는 걸 알게 되었다. 예전보다는 많아졌다지만 남기자에 비하면 여기자는 소수. 그나마 주니어 기자들 중엔 여성이 많지만 연차가 높아질수록 육아 등 여러 이유로 퇴직 및 이직하여 어느 순간 정신을 차려보니 내 위에 여자 선배가 몇 없다. 결정권을 가진 간부들은 대부분 남자라 조직의 많은 일이 남자들의 시각에서 결정된다. 메이저가 된다는 것은 쪽수를 불리는 것이구나,라고 나는 진즉 깨닫게 되었다. 세상의 절반이 여자인 것과는 무관하게 힘 있는 자리는 대부분 남성이 차지하고 있으니까.

어디 그뿐인가. 회식 자리에서 슬그머니 손을 잡거나 어깨나 허리를 감거나 허벅지에 올라오는 나쁜 손, "넌 너무 여자 같아" 귓가에 흘러들던 술 냄새 자욱한 입김, 혹은 "너 남자랑 자본 적 있어?" 같은 노골적인 추행. 성폭력 사실을 처벌해달라 했더니 "너 ○○ 부서 가고 싶은 거 아니었어? □□(가해자)가 그 부서에 있는데 네가 이 사실을 회사에 보고하면 나중에 같이 일할 수 있겠어?"라며 무마시키던 목소리……. 그런 것들은 기자뿐 아니라 대부분의 여성 직장인이 겪는 일이므로 더 이상 자세히 언급하지 않겠다.

2003년에 입사했더니 열두 명 신입 기자 중 여섯 명이 여성이었다. 수습기자 중 절반을 여성으로 뽑은 건 한국 언론사 중 우리가 최초라고 했다. 그게 뭐 대단한 일이라고 그때 굉장히 화제가 되어 〈여성신문〉에서 취재하러 오곤 했다. 지금 생각하면 치욕적인데, 그땐 너무 어려서 치욕적인 줄도 몰랐다.

2021년에 출판팀장을 맡게 되었다. 101년 회사 역사상 여자가 출판팀장을 맡은 건 처음이라고 했다. 바란 적도 없고, 가능하다고도 생각해본 적이 없는 자리였다. 본적이 있어야 꿈이라도 꾸지, 여자가 책 팀장을 하는 걸 본적이 없는데 어떻게 욕심을 내겠는가. 당연히 남자 몫이라 생각했고 나와는 상관없는 일이라 여겼다. 그즈음 출간한 내 책 광고 카피를 출판사에서 '조선일보 최초의 여성 출판팀장'으로 잡았다. 그게 뭐 매력적인가, 과연 판매에 도움이 될까, 의아했는데 젊은 여성 마케터들이 그 문구가 좋다기에 그러라고 했다. 그걸 본 회사 선배가 "최초의 여성 정치부 기자도 아니고, 최초의 여성 법조팀장도 아니고, 최초의 여성 출판팀장이 뭐 대단한 자리라고 광고 문구로 삼냐"고 한마디 했다. 그러게. 그러고 보니 그렇네. 그런데 그 별것도 아닌 자리에 왜 지난 100년간 여자가 없었을까? 씁쓸한 기분이 들었다.

그 별것 아닌 자리, 여자라 신경 쓰이는 게 많았다. 팀장 아니라 팀원일 때는 페미니즘 책도 적극적으로 발제해서 리뷰하곤 했지만 막상 지면에 대한 결정권을 갖게 되니 그러기가 쉽지 않았다. '여자니까 지면 저렇게 만드는 거 아니야?'라는 말이 나올까 두려웠다. 의식적으로 무거운 책을 골라 회의 석상의 다수를 차지하는 남자들이 트집 잡지 않을 지면을 만들려고 노력했다. 지면이 여성적이라는 말은 비난이었다. 난다 긴다 하는 여자 선배들이 지면을 책임지게 되었을 때 '지면에 여성이 너무 많이 나온다' '여자라서 지면이 저렇다'라며 흠 잡히는 걸 많이 보아왔기 때문에 같은 전철을 밟고 싶지 않았다. 기를 쓰고 남자들의 눈으로 책을 고르며 '여성적이지 않은' 지면을 만들려고 애쓰다 보면 자괴감과 슬픔이 동시에 찾아왔다. 내가 남자라면 이렇게까지 하지 않아도 되었을 텐데…… 다른 성性의 눈으로 세상을 보려는 시도가 나를 더 나은 사람으로 만들어줄 거라 생각하지만, 스스로의 성을 부정하지 않고 사회생활을 할 수 있다는 깃이야말로 남성의 특권인 것 같다.

처음 사회생활을 시작했던 20년 전이나 지금이나, 여성 인권은 그다지 진보한 것이 없어 보이는데 소위 '이대남'들에 의한 백래시가 거세게 일고 있으니 세상이 과연 나아지고 있는 것일까? 이대남이야 세상 경험이 짧으니 그럴 수 있다 치더라도 막상 사회생활을 시작하면 여성보다 남성이 훨씬 유리한 고지에 있다는 걸 아는 중년 남성들까지 옳다구나, 하면서 그 장단에 맞추고 있는 걸 종종 보게 된다. 남성이라 누렸던 특권을 조금이라도 빼앗길까 두려워 그러는 걸까?

젊은 여성 작가들이 주류가 된 문단도 예외는 아닌 것

같다. 잘나가는 30대 여성 소설가의 신작이 화제가 된 자리에서 한 40대 남성 소설가가 이렇게 물었다. "한국 소설의 페미니즘 열풍은 언제까지 지속될 것 같아요?" 미투 열풍이 불붙인 페미니즘 리부트 이후 '헤테로 남성이 쓴 소설은 안 팔린다'는 속설이 나돌던 참이었다. 딱히 대답할 말을 찾지 못해 "남자가 쓴 소설이 안 팔리는 원인은 뭐라고 생각하냐"고 되물었다. 함께 있던 다른 남성이 "남자들은 소설을 안 읽고 20~40대 여성들만 책을 사 보니 그렇다"고 답하자 그 소설가는 "제 의견이 아니라 들은 이야기를 전할 뿐이니 기분 나빠 하지 말았으면 좋겠다"며 입을 열었다. "소설 쓰는 게 더 이상 돈벌이가 안 되면서 번듯한 직업을 가진 남편이 있는 여자들만 전업 작가가 될 수 있기 때문이라는 이야기가 있어요. 남자들은 생계에 대한 부담이 크니 소설 쓰기에 몰두하기가 힘들다는 거죠." 그 말이 딱히 기분 나쁘지는 않았다. '당장 먹여 살려줄 남편이 있으면 과감히 프리랜서가 될 수 있을까?' 종종 생각하기 때문이다. 오히려 남자들끼리 무슨 말을 하는지 알 수 있는 기회라 흥미로웠다.

  "기분 나쁘지 않은데요. 그럴 수도 있죠" 했더니 그는 미소 지으면서 또 "기분 나빠 하지 말라"며 다음 이야기를 꺼냈다. "남자들은 집 살 돈을 모아야 하기 때문에 책값에 돈 쓸 여유가 없다는 이야기도 있죠." 이번에도 기분 나쁘지는 않았다. 다만 의아해서 "술 마시고 게임할 돈은 있으면서?"라고 되물은 후 오래된 의문을 내뱉었다. "그런데 문단이 남성 작가 일변도이던 지난 수십 년간은 안 그러더니 왜 고작 몇 년 여성 작가 일색이라고 이렇게들 난리예요?" 그는 답하지 않았다.

아버지의 책장에서 삼성출판사에서 나온 '제3세대 한국문학전집'을 꺼내 읽던 중학교 1학년 때가 기억난다. 1990년대 초반이었다. 여자 작가가 쓴 책을 읽고 싶었는데 책등에 한자로 적힌 작가 이름만 보고는 짐작이 어려웠다. '오정희'를 뽑아보고 성공했지만 '김승옥'과 '송기숙'에서 실패했다. 이름에 '옥鈺'이나 '숙淑'이 들어가도 여자가 아니라니…… '박완서'가 여성이라는 것, 남자 같은 그 이름의 가운데 글자가 '아름다울 완婉'이란 걸 배운 것이 책을 모조리 뽑아 프로필을 확인한 후 얻은 성과였다. '우리 시대, 한국문학의 정신'이라는 문구와 함께 이청준을 제1권으로 1983년 초판 발행된 스물네 권짜리 전집 중 단두 권만 여성이 쓴 것이었다. '아, 재미없다' 생각했지만 분노하지는 않았다. 당연하다 여겼기 때문이다. 초등학교 교실에 남학생이 더 많은 것도, 사회 요직의 대부분이 남성인 것도.

당연했던 세상이 당연하지 않게 변하고 있다. 문학동네에서 출간된 『2021 제12회 젊은작가상 수상작품집』의 소설가는 일곱 명 모두 여성이다. 주변의 남성들이 이 사실에 당혹해하는 걸 보면서 좀 억울했다. 나는 왜 지난 세월 동안 당혹감조차 느끼지 못했던가?

'진보의 아이콘'이라 불리는 미국 대법관 루스 베이더 긴즈버그가 2016년 이런 말을 했다. "때로 사람들은 내게 묻는다. '자, 이제 여성 대법관이 세 명입니다. 미국 연방대법원에 여성 대법관이 몇 명 있어야 충분하다고 보십니까?' 그러면 나는 속으로 생각한다. 아홉 명이 될 때라고." 그는 덧붙였다. "이렇게 대답하면 사람들이 의아해하지만, 대법원이 대법관 9인 체제가 된 이후로 오랫동안 대법관 아홉 명이 모두 남성이었다. 여성 대법관이 아홉 명이 되지 말란 법이 있는가?"[*]

[*] 루스 베이더 긴즈버그·헬레나 헌트, 『긴즈버그의 말』, 오현아 옮김, 마음산책, 2020, 58쪽.

압구정 현대백화점에서 울다 *

압구정동 현대백화점에만 가면 나는 운다. 지하 식품관을 나서서 지하철 연결 통로로 향할 때, 버릇처럼 뒤를 돌아보며 운다. 문 앞에 서서 나를 배웅하는 자그마한 노인의 그림자가 거기에 있을 것만 같아서, 추억이 눈에 밟혀 운다. 백화점 일식당으로 데려가 도미머리조림을 사주시던 분, 지금은 사라진 밀탑에서 후식으로 먹은 팥빙수값을 내가 계산하자 "'신 선생 풀 스칼러십'인데 왜 곽 기자가 돈을 내냐"며 역정을 내시던 분, 백화점 식품관에서 "혼자 사는 사람 처지는 혼자 사는 사람이 안다" 하시며 유부초

---

*　　이 글의 제목은 미셸 자우너의 에세이 『H마트에서 울다』(정혜윤 옮김, 문학동네, 2022)에서 따왔다.

밥과 샐러드를 사서 손에 쥐어주시던 분. 그분은 이제 없다. 신지식申智植,1930~2020 선생님, 『빨강 머리 앤』을 최초로 번역해 우리나라에 소개하신 분. 내겐 영원히 잊을 수 없는 인터뷰이로 남은 분이다.

기자와 인터뷰이는 미묘한 관계다. 많은 경우 일종의 거래관계다. 신문은 항상 이야기를 필요로 하고, 어떤 사람들은 자기 이야기를 세상에 알리고 싶어 한다. 둘의 이해관계가 맞아떨어질 때, 인터뷰는 이루어진다. 인터뷰이는 기자가 자신의 이야기를 왜곡하거나 혹은 자신에 대해 나쁜 인상을 줄 수도 있는 글을 쓸까 봐 우려한다. 기자는 인터뷰이의 말을 어디까지 믿어야 할지가 항상 고민이다. 뛰어난 인터뷰어로 명성을 날린 한 회사 선배는 예전에 후배들이 인터뷰 잘하는 비법을 묻자 이렇게 대답했다. "나는 모든 인터뷰이가 다 사기꾼이라고 생각합니다." 초년병 기자 시절엔 그 말이 냉혹하다 생각했는데, 세월이 흐를수록 그 말뜻을 알게 되었다.

인터뷰이가 딱히 나쁜 사람이어서가 아니다. 누구에게나 자기 이야기를 그럴듯하게 꾸미고 싶은 욕심이 있다. 이야기를 하다 보면 자기 말에 도취돼 허풍도 치고, 거짓말도 살짝살짝 하게 된다. 그런 요란한 말에 현혹되지 않고 팩트만을 걸러내는 것이 기자의 임무다. 경계와 의심

없이 인터뷰이의 말을 그대로 받아쓴 기사는 역겹다. 매체에 따라 속성이 다르겠지만, 신문기자들은 치렁치렁하고 현란한 언어로 인터뷰이에 대한 찬사를 늘어놓은 기사를 보면 대체로 거부감을 갖는다. (업계에서 통용되는 비속어를 독자들의 양해를 구하며 그대로 옮기자면) "빨아주는 것도 정도가 있지!"라며 냉소한다. 감탄과 찬사는 독자의 몫이지 기자의 몫은 아니다. 기자의 일은 평가가 아니라 메시지의 전달에 있다. 적어도 나는 그렇게 교육받았다. 민감한 인터뷰일수록 공격적으로 하라고 훈련받았다. 간혹 인터뷰이에게 공격적인 질문을 한 기자들이 대중에게 무례하다며 욕을 먹기도 하는데, 대부분의 기자는 공적인 자리에서 사감私感을 가지고 그런 질문을 하지 않는다. 인터뷰란 인터뷰이를 칭찬하기 위한 자리가 아니다. 그가 어떤 사람인지에 대한 종합적인 정보를 독자들에게 주기 위한 자리다. 능란한 인터뷰이는 기자들이 공격적인 질문을 한다고 화내지 않는다. 우호적인 질문이 꼭 자신에게 득이 되는 것이 아니고, 공격적인 질문에 좋은 답을 주는 것이 오히려 독자들에게 신뢰를 준다는 것을 알기 때문이다.

신지식 선생님을 인터뷰한 것은 2014년 3월 18일이었다. "나는 신문에 날 만큼 대단한 사람이 아니다"라며 인터뷰를 고사하시는 걸 오래 설득해 마주 앉은 자리였다. 왜 그렇게 그분의 이야기를 듣고 싶었을까? 『빨강 머리 앤』에 대한 애정을 넘어선 무언가가 있기 때문이었다. 나는 아주 오래전부터 그분을 알고 있었다. 어릴 적 읽은 많은 동화책의 역자譯者가 신지식이었기 때문에, 그 이름에 대해 나는 상당한 호의와 친근감을 갖고 있었다. '이 사람은 남자일까, 여자일까? 이름이 신지식이라니 무지 똑똑하겠지?' 생각하기도 했다. 돌이켜보면 그때부터 선생님과 나는 운명의 실로 이어져 있었던 게 아닌가 싶다. 선생님의 자전적 소설인 『가는 날 오는 날』을 읽고 나서 나도 모르게 선생님의 어린 시절을 알게 된 나, 선생님이 번역하신 창조사의 열 권짜리 '빨강 머리 앤 전집'을 손에 넣게 된 초등학교 고학년 때의 나, 전집 중 앤과 길버트의 결혼식 장면이 나오는 6권 『앤의 꿈의 집』을 고향의 서점에선 도무지 구하지 못해 애를 태우다 설 쉬러 서울 올라왔을 때 큰집이 있던 아파트 상가 서점에서 마침내 구하게 된 나……. 선생님은 내가 마침내 '빨강 머리 앤 전집'을 모두 모으게 된 그 서점이 있는 아파트에 살고 계셨다. 내가 면사포를 쓴 앤의 초상이 그려진 책 표지를 마주하고 환호성을 내질렀던 바로 그 순간에도, 나와 멀지 않은 곳에 계셨던 것이다. 그 작은 인연의 점點들이 이어져 마침내 선생님과 나를 완전히 연결해주었다. 스티브 잡스가 2005년 스탠퍼드대학교 졸업식에서 '인생의 수많은 점dot을 연결해 미래로 나아가라'는 요지의 연설을 했다는 이야기를 들었을 때, 나는 선생님과 나 사이에 존재했다가 마침내 선線이 된 수많은 순간을 떠올렸다.

　이화여고의 젊은 국어 교사였던 신지식이 6·25전쟁 직후 폐허가 된 서울의 헌책방에서 일본어판『빨강 머리 앤』을 발견하고, 홀린 듯 그 이야기를 읽고, 전후戰後의 혼란 속에서 방황하던 어린 학생들에게 희망을 주기 위해 그 이야기를 번역해 학교 주보〈거울〉에 연재한 이야기는 나의 다른 책『매 순간 흔들려도 매일 우아하게』에 자세히 썼기 때문에 굳이 반복하지 않겠다. 다만 녹차 향 짙었던 선생님 댁의 그 거실에서 식탁을 두고 마주 앉아 이야기를 나누었던 날, 80대 중반의 선생님이 30대 중반의 당돌한 기자에게 얼마나 너그러웠는지는 꼭 적고 싶다.

　존모尊慕하는 마음을 감추고 객관성을 유지하는 것이 기자의 의무라 믿었기에 나는 이날도 역시나 공격적인 질문을 빼놓지 않았다. 소녀들의 맑고 깨끗한 사랑 이야기를 다뤄 1960~1970년대 '스타 작가'로 인기를 끌었던 선생님의 작품 세계에 대한 질문이었다.

　"늑막염으로 숨지는 소녀(『하얀 길』), 교사를 짝사랑하는 여학생(『감이 익을 무렵』) 같은 이야기를 즐겨 쓰셨

습니다. '유치한 소녀 소설'이라는 비판도 있었습니다만."

나도 사람인지라 '화를 내시면 어떡하지' 내심 무척 걱정했다. 그렇지만 선생님은 웃었다. 그리고 답했다.

"지나치게 감상적인 이야기니까요. 내 세계가 그만큼 좁았던 모양이에요. 그래서 이후 『하얀 길』이 훌륭하다고 남들이 말할 때마다 그렇게 창피한 거예요. 기숙학교에서 부모님과 떨어져 슬프고 힘들었을 때 넋두리처럼 일기장에 쓴 글이었어요."

그 담담한 반응에 나는 부끄러웠고, 내 어린 시절의 영웅이 실제로도 영웅답다는 사실에 한편으론 안도했다. 고백하자면, 공정함의 가면 뒤에 숨어 있었지만 실상은 나 자신을 보호하기 위해 던진 질문이었다. 내가 훌륭하게 여겨 인터뷰하고 싶다 생각했던 인물이 실은 내 생각보다 훨씬 못한 사람이면 어떡하지? 하는 두려움. 그럴 경우 독자들로부터 쏟아질 비난에 대비한 안전장치로서의 질문이었다. 그렇지만 선생님은 그런 나를 너그럽게 감싸주셨다.

'취재원과는 불가근불가원不可近不可遠'이라는 언론계의 오랜 금언이 있다. 지나치게 가까이 하다 보면 정에 휩쓸려 객관성을 잃는 일도, 서로 상처를 주고받는 일도 많기 때문에. 그래서 나는 취재원에게 먼저 손 내밀며 살갑게 대하는 기자가 아니었다. 선생님이 인터뷰 기사가 나간 후

밥을 먹자고 연락을 주셨을 때도 그저 단발성 만남이라 생각했다. 그렇지만 선생님은 그러지 않았다. "곽 기자를 보면 꼭 내 젊은 시절 같아" 하시면서 여행을 가면 여행지 풍광이 담긴 엽서를 보내주셨고, 내가 미국으로 연수를 떠나 신문에서 기사가 보이지 않자 '무슨 일이 생겼나' 걱정되어 아는 사람을 통해 회사에 내 근황을 물어보곤 하셨다. 순전히 선생님이 기꺼이 손을 내밀어주셔서 이어진 인연이었다.

선생님은 2020년 3월 12일 타계하셨다. 나는 그 소식을 선배로부터 전해 들었다. 편찮으셨다는 것도 알지 못했다. 언제나처럼 나는 무심했고, 연락 한번 드려야지, 하면서도 내 일이 바빠 미적대고 있었다. 그러다 보면 또 선생님이 얼굴 한번 보자고 연락주시겠지, 믿고 있었는지도 모른다. 노년의 선생님을 '빨강 머리 앤의 어머니'로 처음 인터뷰한 기자였던 나는, 선생님의 부고 기사를 가장 먼저 쓴 기자가 됐다. 가까웠던 취재원의 부고를 쓰게 된 기자에게 선배들은 말했다. "잘 보내드려." 선생님을 내 손으로 보내드릴 수 있어서, 그렇게라도 가시는 길에 보탬이 될 수 있어서 다행이라 생각한다.

가끔씩, 인터뷰 때 나눴던 또 다른 문답을 생각한다. 그 시절 여성으로는 드물게 독신이었던 선생님. 같은 독신 여성으로서 선배 여성들의 삶에 대한 궁금증이 있었기에 이런저런 이야기를 여쭤보았다. 외롭지 않냐고 주변 사람들이 물으면 이렇게 답하신다고 했다. "아, 외롭지. 그럼 당신은 안 외로워?" 그러게, 우린 모두 외로운 사람들. 결혼을 했든 안 했든, 아이가 있든 없든, 연애를 하든 안 하든, 결국 인생이란 자기 짐을 혼자 짊어지고 걸어가는 길이라는 이치를 선생님은 그렇게 말씀해주셨다.

그래서 나는, 압구정 현대백화점에만 가면 운다. 아침부터 거센 비바람이 몰아치던 어느 여름날 마지막으로 뵈었을 때, 백화점 통로를 나란히 걸으며 내 손을 꼭 쥐던 자그마한 손의 온기를 떠올린다. 선생님을 보낸 슬픔이 아직 다하지 못한 모양이라 생각하면서, 인간이라 겪게 되는 외로움을 한 번 더 곱씹어본다.

사랑의 눈빛

'사랑'과 마주칠 때면 노인의 눈빛을 떠올린다. 뉴욕현대
미술관MoMA 인근 거리에서도, 서울 명동 대신증권 신사옥
을 지나면서도 사랑 앞에서, 사랑 옆에서, 사랑 뒤에서, 사
랑을 스치며 새카맣고 무구한 눈동자를 생각한다. 영어로,
히브리어로, 중국어로, 세계 모든 나라의 언어로 사랑을
표현하고 싶다던 사람.

로버트 인디애나Robert Indiana, 1928~2018를 2013년 5월
에 인터뷰했다. 인디애나는 전 세계가 다 아는 〈LOVE〉
조형물을 만든 아티스트. L과 V와 E를 'ㄴ'자로 배열하
고 E 위에 오른쪽으로 비스듬히 기울인 O를 쌓아올린 그
〈LOVE〉. 나는 미국 메인주 바이날헤이븐섬의 자택에서
그를 만났다.

내 책 『미술 출장』에 소개했던 이야기를 곱씹어 7년 만에 다시 써보는 것은, 7년 전의 나와 지금의 내가 다른 사람이기 때문이다. 세월이 흐르면서 디테일은 흐릿해지지만 의미는 오히려 또렷해지는 기억이 있다. 인디애나에 얽힌 기억은 그런 종류다.

이런 장면들이 빛바랜 흑백사진처럼 떠오른다. 서울에서 뉴욕까지 열네 시간 비행기를 타고 가서, 다시 뉴욕 JFK국제공항에서 보스턴 로건국제공항까지 한 시간여를 비행기 타고 갔는데 짙은 안개 때문에 연결 편을 타지 못하고 결국 네 시간 반 동안 차를 타고 메인주 록랜드까지 갔던 일. 다음 날 아침 또 한 시간 반가량 배를 타고 꾸벅꾸벅 졸며 바이날헤이븐섬으로 갔었지. 5월이지만 날씨는 싸늘했고 빅토리아 양식의 4층짜리 건물 1층 외벽은 9·11테러 이후 인디애나가 그렸다는 성조기 그림으로 뒤덮여 있었다. 그리고 문 앞에 놓여 있던 '愛' 자 형태의 대리석 조각. 1978년 뉴욕을 떠나 외딴섬에 스스로를 은폐한 인디애나는 그때 이미 85세. 얇은 종잇장처럼 수척했고, 오트밀색 니트 카디건 소매에는 음식물 자국이 눌어붙어 있었으며, 안경엔 금이 가 있었지만 동양인인 내가 'LOVE'보다는 愛를 더 친근하게 여길 거라 생각하며 "愛의 중국어 발음인 '아이'가 '인디애나'의 첫 글자 'I'와 발음이 같다"고 설명할 때는 어린아이처럼 들떠 있었다.

그해 인디애나는 휘트니미술관 회고전을 앞두고 있었다. 뉴욕을 떠난 지 35년 만에 다시 뉴욕에 도전장을 내미는 셈이었다. 대표작 〈LOVE〉는 인디애나에게 훈장인 동시에 굴레였다. 1966년 MoMA가 발행한 크리스마스카드를 위한 도안이었던 〈LOVE〉가 선풍적인 인기를 끌자 너도나도 〈LOVE〉를 베꼈다. 저작권 개념이 명확하지 않던 시절이었다. 머그컵이며 열쇠고리, 티셔츠 등에 남용된 〈LOVE〉 이미지는 '싸구려'로 전락했고, 평단은 인디애나를 '상업 작가'라며 외면했다. 상처받은 그는 고양이 스물한 마리를 밴에 싣고 바이날헤이븐섬으로 떠나 은둔했다 (고소공포증이 있어 비행기를 못 탄다고 했다).

날 때부터 버림받은 인생이었다. 갓난아기 때 입양돼 양부모 밑에서 자랐다. 히피 성향의 양부모는 미국 전역을 돌아다녔다. 차가운 성품의 양아버지는 새 여자가 생기자 인디애나와 양어머니를 버리고 떠났다. 양어머니가 사랑으로 인디애나를 보듬었다. "당신에게 'LOVE'란 어떤 의미인가요?" 묻자 인디애나는 "대부분 어머니로부터 받은 사랑"이라고 답했다. 예술가로서의 꿈을 한껏 펼치려던 뉴욕도, 연인이었던 미술가 엘즈워스 켈리도 그를 버렸지만 카르멘이라는 집시 이름처럼 정열적이었던 어머니의 사랑만은 남아서 그를 뜨겁게 지켜줬다.

　인터뷰의 성패는 인터뷰이와의 합에 달렸다. 제아무리 유명한 사람을 인터뷰하더라도 그와 합이 맞지 않으면 그 인터뷰는 실패한다. 인터뷰는 결국 사람과 사람 사이의 대화이기 때문에 인터뷰이가 인터뷰어와 파장이 맞아 마음을 열면 진솔한 이야기가 나오게 되어 있다. 인디애나를 만나기 전 그의 에이전트는 "밥Bob, 로버트의 애칭은 까다롭고 예민한 사람이라 MoMA 관계자들이 만나자고 할 때도 거절했으니 질문을 가려 해야 한다"고 여러 번 주의를 주었다. 잔뜩 긴장하며 시작한 인터뷰였는데 시간이 흐르자 인디애나는 마음을 열기 시작했다. 머나먼 나라에서 왔다는 기자가 의외로 손녀뻘 여성이라 경계를 풀어서였을까? 난생처음 만난다는 한국인이 신기해서였을까? 그것도 아니면 외로웠기 때문이었을까? "왜 뉴욕을 떠났느냐"는 나의 물음에 "집세가 너무 비싸 감당이 안 됐다"며 처음엔 딴청을 부렸지만 결국은 이렇게 말했다. "뉴욕과 나의 관계는 암울했다. 나는 뉴욕에서 배척당했다. 나는 평화와 행복을 찾아 섬으로 도망쳤다."

　그와 나를 둘러싼 공기가 부드러워지기 시작했을 때, 지금이 적기適期라는 걸 경험을 통해 알고 있었으므로, 상처를 건드리고 싶지 않았지만 때로는 그래야만 하는 게 나

118

의 직업이므로, 비수가 될까 두려워하며, 그러나 품고 있던 질문을 던졌다. "저작권 등록을 하지 못해 다른 사람들이 당신 작품을 베껴서 돈을 버는 걸 가만히 보고 있어야만 할 때 심정이 어땠습니까?" 격분할 거라 예상했지만 노인은 담담했다. "다 잊었다. 내 마음속에서 그 일을 다 몰아내버렸다. 나는 거기에서 벗어나 이 섬으로 왔다." 흔들림이 없는 눈빛이었다.

인디애나를 몰아낸 도시, 뉴욕에서 1년간 살게 된 건 그 인터뷰로부터 3년이 지난 후였다. 나는 자주 〈LOVE〉와 만났다. 길을 걷다 우연히 마주친 적도 있었고, 작정하고 일부러 찾아간 적도 있었다. "뉴욕에 있는 내 〈LOVE〉 봤어?"라고 묻는 인디애나에게 "아직 못 봤지만 뉴욕에 가면 꼭 보겠다"고 약속했던 그 〈LOVE〉. 그에게 〈LOVE〉를 만들게 했던 바로 그 MoMA 인근에 설치된 붉은색 사랑. 사랑에 상처받고, 사랑에 배신당했지만, 한 번도 사랑을 버린 적 없었던 한 남자가 자신을 쫓아낸 도시에 세운 커다란 사랑. 그 사랑을 만날 때마다 사랑을 말하던 그를 생각했다. 잊지 못했을 거면서도 "다 잊었다" 말하던 눈빛을 떠올리고 있자면 명치끝에서부터 눈물이 차올랐다. 그가 애증을 긴 세월 삭이고 삭여 사랑으로 승화시켰다는 걸 이제야 나는 깨닫는다. 인디애나는 2018년 5월 19일

세상을 떠났다. 나와 인터뷰한 지 5년 12일째 되던 날이
었다.

버리지 못한 취재 수첩

차마 버리지 못한 취재 수첩이 있다. 2013년 5월부터 12월까지 사용한 수첩이 그렇다. 직사각형의 짧은 변 중 하나에 용수철이 달리고 속지에 가로로 줄이 죽죽 그어진 수첩. 두꺼운 보드지로 된 핑크색 표지 우측 하단에 파란색 젤러펜으로 간명하게 적어놓았다. 2013 뉴욕, 곽아람.

기자가 된 이후 사용한 취재 수첩을 모두 보관하는 선배들도 있지만, 쌓아놓자니 공간을 감당할 수 없어 나는 대부분 버린다. 사연이 있는 몇 권만 침대 옆 탁자 서랍에 넣어둔다. 잊을 수 없는 인터뷰가 담겨 있는 경우도 있고, 인터뷰이가 내 수첩을 빌려 자필로 뭔가를 적어준 것이 기념이 되는 경우도 있으며, 민감한 인터뷰라 향후 생길지 모르는 법적 문제에 대응하기 위한 증거로서 보관하는 경우도 있다.

핑크색 수첩을 품고 있는 이유는 복합적이다. 당시 나는 미술 담당 기자였는데, 수첩 앞부분엔 2013년 5월 바이날헤이븐 자택에서 만난 〈LOVE〉의 작가 로버트 인디애나와의 인터뷰 내용이 적혀 있다. 내 기자 인생에서 손꼽을 만한 '잊을 수 없는 인터뷰이'. 그와의 인터뷰는 지면에 게재되었지만 흘려 쓴 손 글씨에 인터뷰를 하던 그 순간의 감정과 분위기가 나만 알 수 있는 방식으로 묻어나기에 오래도록 수첩을 간직하고 있다. 소중해서다.

수첩의 뒷부분을 붙들고 있는 건 미안해서다. 2013년 12월 6일 뉴욕 작업실에서 만난 대지미술가 크리스토 자바체프Christo Javacheff, 1935~2020와의 인터뷰 내용이 담겨 있다. 그 인터뷰는 지면에 게재되지 못했다. 재미가 없어서도, 의미가 없어서도 아니다. 출장을 다녀온 후 얼마 되지 않아 다른 부서로 가게 되어서 기사 쓸 시기를 놓쳤기 때문이다.

시기를 놓쳐 지면에 게재되지 못한 기사가 종종 있다. 그런 글은 기자들 마음속 어딘가에 묻힌다. 그중 어떤 이야기는 기자 개인의 인생에서, 활자로 인쇄돼 독자들과 만난 것보다 훨씬 더 큰 힘을 지닌다. 내게는 크리스토의 이야기가 그랬다. 써야 하는데 쓰지 못한 이야기. 그 이야기의 힘이 나만 알고 있기엔 너무나 강력해서 아무리 꾹꾹 눌러놓더라도 꿈틀거리며 뛰쳐나올 기회를 엿보고 있는 것만 같았다. 계기가 있으면 이야기는 기사가 된다. 나는 세월을 낚는 강태공처럼, 낚싯대를 드리우고 크리스토의 이야기를 독자들에게 들려줄 때가 오길 기다리고 있었다.

그리고 계기가 왔다. 죽음이었다. 크리스토는 2020년 5월의 마지막 날 뉴욕의 자택에서 세상을 떴다. 미술계에서 일하는 친구들의 소셜미디어에 애도의 물결이 일었다. 이 이야기가 발화될 순간이 왔구나, 마침내. 사내의 젊은 기자들이 돌아가며 쓰고 있던 칼럼이 곧 내 차례가 될 때였다. 크리스토는 숨졌지만 그의 이야기는 그렇게 신문 지면에서 다시 생을 얻었다. 입시 준비를 하는 만학도가 뒤늦게 10대 시절 필기한 노트를 꺼내보듯, 나는 낡은 취재 수첩을 뒤적이며 가물가물한 기억을 불러내 7년 전 그와의 대화를 복기하려 애썼다. 영어와 우리말을 뒤섞어 난삽하게 기록한 수첩 여섯 장 분량의 짧막한 이야기.

미술사를 공부하던 대학 시절, 크리스토는 서양 근현대미술사 수업 기말고사 직전에 등장했다. 대지미술land art에 대해 배울 때였다. 대지미술가들은 자연이나 구조물을 캔버스 삼아 작업한다. 잠시 존재했다 곧 사라질 작품을 만든다. 파도가 밀려오는 바닷가에 모래성을 쌓는 식이다. 크리스토는 말했다. "예술 작품이 영속하다는 건 신화에 불과하다. 우리 작품은 잠깐 지속되지만 모든 이의 뇌리에 남는다."

"이 사람은, 다 싸요." 2000년대 초반의 그 강의실에서, 선생님은 노래하는 듯한 어조로 말했다. 그 말대로 크리스토는 '싼다wrap'. 1985년엔 파리 퐁네프 다리 전체를 2주간 벌꿀색 천으로 싸버렸다. 천에 감싸인 다리에선 기능보다 조형미가 도드라졌다. 1995년엔 베를린의 옛 독일제국 의사당을 은색 천으로 포장했다. 독일 통합을 상징하는 작업이었다.

불가리아 출신인 크리스토는 1956년 의약용품 화물차에 숨어 공산화된 불가리아를 탈출, 빈으로 갔다. 1964년 영어도 거의 못 하는 채로 뉴욕으로 이주했다. 가장 유명한 작업은 〈더 게이츠The Gates〉. 2005년 2월 12일부터 27일까지 뉴욕 센트럴파크 산책로 36.8킬로미터에 오렌지색 천이 커튼처럼 나부끼는 4.87미터 높이 철제 구조물 7503개를 설치한 작품이다. 1979년 처음 구상해 뉴욕시에 제안했지만 환경보호 등을 이유로 거절당했다. 크리스토는 사람들을 설득하고 거절당하는 과정까지 작업의 일부로 여겼다. 수많은 사람이 연계돼 있으니 공공미술로서 더 의미 있다 생각했다. 크리스토의 팬이자 당시 뉴욕 시장이었던 마이클 블룸버그가 적극적으로 나선 덕에 구상한 지 26년 만에 실현됐다. 16일간 400만 명을 불러 모았다. 겨울인데도 해외에서만 30만 명이 다녀갔다. 경제적 효과는 2억 5100만 달러로 추산된다.

첼시의 스튜디오에서 크리스토를 인터뷰하던 날엔 거센 비바람이 불었다. 작업실 철문 손잡이가 비에 젖어 싸늘했다. 샴쌍둥이처럼 함께하던 아내 잔 클로드가 2009년 세상을 떠난 영향일까. 크리스토는 바람 빠진 타이어처럼 기운이 없었다. 인터뷰 내내 "아내가 있으면 더 잘 이야기할 텐데" 아쉬워했다. 동갑내기에 생일도 같은 부부는 1958년 파리에서 처음 만나 사랑에 빠졌다. '크리스토와 잔 클로드'라는 이름으로 반백 년간 공동 작업을 선보였다. "자유롭게 일하고 싶다"며 모든 협찬을 거부했다. 아이디어가 담긴 드로잉과 작품 사진 등을 팔아 작업 비용을 벌었다.

오랫동안 내게 크리스토는 마치지 못한 숙제, 목에 걸린 가시였다. 곱은 손으로 흘려 쓴 글씨가 빛바래 식별하기 힘들었지만 "당신에게 예술이란?" 물었을 때의 답만은 또렷이 알아볼 수 있었다. "우리 스스로를 위한 것. 매우 흥미진진하고, 아름답고, 유니크한 것. 다른 누군가를 위해 하는 것이라면 예술이 아니라 '선전propaganda'이겠지.

나는 그 짓을 안 하려고 불가리아에서 도망 나왔다."

크리스토는 가고 없지만, 그의 예술은 살아 있다. 파리 개선문을 은빛 도는 푸른 천과 붉은 밧줄로 감싸는 작업이 그가 타계한 이듬해인 2021년 9월 관람객들의 환호 속에 예정대로 진행되었다. "왜 천을 사용하는 거냐"는 나의 물음에 그는 말했다. "바람에 나부끼는 모습이 꼭 살아 숨 쉬는 거 같잖아."

낯선 아름다움

새로워지고 싶어 하는 소설가의 갈망을 취재한 적이 있다. 독자란 변덕스러운 존재이므로 어떤 작가가 어떤 주제에 대해 아주 잘 쓴다 싶을 때 찬탄을 보내다가 계속 그것만 쓰면 "그 작자는 그것밖에 못 쓰잖아. 이젠 지겨워"라고 툴툴댄다. 나무 위에 높이 올려놓았다가 한창 들떠 있을 때 흔들어서 떨어뜨려버리는 셈이랄까. 그래서 창작자들은 늘 새로워야 한다는 강박에 시달린다.

2017년 가을 뉴욕에서 만났을 때, 오르한 파묵Orhan Pamuk, 1952~은 여러 번 화를 냈다. 그가 원래 불같은 성미인지, 그날 특별히 예민했던 것인지, 아니면 나의 질문이 그의 심기를 거스른 건지는 아직도 모르겠다. 다만 당시 이 노벨문학상 수상 작가가 새로움에 대한 강박으로 힘들어하고 있었다는 것만은 알겠다. 장편소설『내 마음의 낯섦』이 국내에서 출간된 직후였다. 이스탄불의 부유한 집안에서 태어나 자란 파묵은 그간 자신이 속한 상류사회 지식인의 이야기를 주로 써왔다. 대표작『내 이름은 빨강』『순수박물관』 등이 그랬다.

『내 마음의 낯섦』에서 파묵은 이스탄불 거리의 보자 장수를 주인공으로 내세웠다. '보자boza'란 기장을 발효시켜 만든 튀르키예의 전통 음료를 말한다. 주인공 메블루트는 선하고 순박한 인물. 맨해튼의 호텔 방에서 밤을 새워가며 꾸역꾸역 소설을 다 읽고 그를 인터뷰하러 갔다.

파묵은 컬럼비아대학교 근처인 맨해튼 어퍼웨스트사이드의 고급 아파트에 살고 있었다. 그는 2006년부터 컬럼비아대학교에서 비교문학과 글쓰기를 가르치고 있었는데, 그래서 매년 가을 학기면 고향 이스탄불을 떠나 뉴욕에 머무른다고 했다. 창문 너머로 허드슨강이 펼쳐져 있었다. 당시 65세였던 그는 희끗희끗한 머리카락에 콧수염을 기르고 있었다. 예술가라기보다는 마음씨 좋은 튀르키예 아저씨 같은 풍모였다.

"긴 답변과 짧은 답변 중 뭘 원하지?"

노트북 컴퓨터를 책상 위에 놓고 그의 말을 타이핑할 준비를 한 내게 그가 던진 질문이다.

"성실한 답변을 원한다."

"내 모든 답변은 성실할 것"이라고 그는 자신 있게 말했다.

『내 마음의 낯섦』은 그의 아홉 번째 장편소설이었다. "책을 왜 썼냐"고 물었더니 그는 큰 소리로 웃더니 자리에서 일어섰다. "잠시만. 미안한데 사진 좀 찍을게."

해가 뉘엿뉘엿 지고 있었다. 허드슨강 위로 노을이 붉은 그림자를 드리웠다. 파묵은 휴대전화 카메라로 노을을 찍기 시작했다. 인터뷰에 허락된 시간은 한 시간 남짓. 시간 내에 준비해 간 질문을 다 하고 인터뷰 사진 촬영까지 마칠 수 있을지 몰라 애가 타는데 파묵은 느긋했다. "나는 계속 여기에 있을 거지만 풍경은 변하잖니. 너도 사진 좀 찍는 게 어때? 저 빛을 좀 봐. 놀랍지 않아?"

매일 지는 해 따위, 전혀 놀랍지 않았지만 그의 심기를 상하게 해서 인터뷰를 망치고 싶지는 않아 시키는 대로 사진을 찍는 척했다. 감기 몸살이 심해 몸이 오들오들 떨렸다. 키보드에 얹은 손가락이 휘청였다. (이 책 표지가 그때 찍힌 사진인데, 자세히 보면 내 무릎에 코 푼 휴지가 놓여 있다.) 컨디션이 나빠서 빨리 끝내고 싶다고 생각하며 다시 자리에 앉았는데 그가 입을 열었다.

"소설이라는 예술은 나와 다른 사람의 눈으로 세상을

보고 싶은 욕망에서 근거한다. 나는 고향 이스탄불을 나와 교육 수준도, 문화적 배경도, 개인사도, 지정학적 환경도 다른 사람으로서 바라보고 싶었다."

제목에서도 드러나듯 소설의 주제는 '낯섦strangeness' 이었다. 파묵은 "나는 고등학생 때, 그리고 군대에 있을 때 친구들로부터 때때로 이런 말을 들었다. '오르한, 너는 좀 이상한strange 생각을 가지고 있어.' 그 기억이 오래 남았다. 그래서 이번에 나와 아주 많이 다른 인물을 내 것으로 만들어보기로 했다. 제목을 '내 마음의 낯섦'이라 붙인 건 그 때문이다. 나와 마찬가지로 메블루트는 자신이 이스탄불 이라는 도시에 속하지 못한다고 느낀다. 속함과 속하지 않음 사이의 모호한 감정에 대해 쓰고 싶었다."

그는 책에서 메블루트에 대해 "그는 세계의 수도인 이스탄불에서 살았다"고 표현했다. "이스탄불이란 당신에게 무엇인가" 묻자 파묵은 답했다. "이스탄불은 내가 65년 간 살았던 도시다. 마흔 살이 될 무렵까지 나는 다른 작가들처럼 친구, 가족, 내가 아는 사람들에 대해 썼다. 내 책이 전 세계에서 번역되자 사람들은 나를 '이스탄불 작가'라 부르기 시작했다. 그래서 깨달았다. 아, 나는 이스탄불에 대해 쓰는구나. 그렇지만 나는 이스탄불과 나와의 관계를 극적으로 만들거나 설탕을 입혀 달콤하게 만들고 싶지는 않다." 대부분의 사람은 이스탄불 아닌 뉴욕을 일컬어 '세계의 수도'라 한다는 나의 말에 파묵은 "'시적 진실 poetic truth'이라는 게 있다. 마음에 안 들면 다음 판에 바꾸지. 1850년 이스탄불에 온 귀스타브 플로베르는 '100년 안에 이스탄불은 세계의 수도가 될 것'이라고 했다"며 맞받아쳤다.

서양화풍과 튀르키예 전통 세밀화풍을 둘러싼 화가들의 첨예한 갈등을 다룬 『내 이름은 빨강』에서처럼 동서양 갈등은 파묵의 오랜 주제다. 그렇지만 그는 당시 그 주제에 대해 부담을 느끼고 있는 것 같았다. 파묵은 언론 인터뷰에서 "오스만제국이 1915년 아르메니아인과 쿠르드족을 학살했다"고 정치적으로 민감한 발언을 해 튀르키예 우파들로부터 살인 협박을 받고 있었는데, 아마도 그 때문에 더 방어적인 태도를 취했는지도 모르겠다.

"9·11테러 이후 동서양의 갈등이 첨예해지고 있다"고 운을 띄우자 그는 "내가 쓴 내용에 대해서만 이야기하자. 나는 9·11테러에 대해 신경 쓰지 않는다. 이번 책은 동서양 갈등이 아니라 상류층과 노동 계층의 갈등에 대한 것"이라며 목소리를 높였다. "사람들은 나에 대해 편견을 가지고 있다. 오, 파묵! 동서양 갈등에 대해 쓰는 작가! 항상 내가 같은 주제만 파고든다고 이야기한다. 이 책에서도 물론 동서양 갈등이 나온다. 그러나 극히 일부일 뿐이다. 예전 작품들과 절대 같은 책이 아니다." 그는 흥분을 이기지 못해 자리에서 벌떡 일어나 부엌으로 가더니 물을 마시고 왔다. 겨우 화를 가라앉히고 "미안하다" 하더니 자기 작품의 의미에 대해 설명하기 시작했다. 미시사微視史를 통해 이스탄불을 바라보기 위한 시도라는 것이다.

파묵의 기분이 롤러코스터를 타는 바람에 나도, 현지에서 섭외한 사진가도 계속 노심초사하는 수밖에 없었다. 그렇지만 어쩌겠는가. 무사히 인터뷰를 잘 마치려면 굽신대며 비위를 맞추는 수밖에. 잔뜩 눈치를 보며 '기분 상해서 사진 안 찍겠다고 하면 어떡하지' 긴장하고 있었는데 프로는 프로였다. 카메라를 들이대자마자 분노에 가득 찬 까칠한 예술가는 간곳없고, 인자한 미소를 띤 대문호가 등장했다. 언론의 카메라 앞에 많이 서본 사람답게 포즈를 취하라는 사진가의 요구에도 싫은 내색 없이 응했다.

인터뷰가 거의 마무리된 것 같아 잠시 숨을 돌리러 화장실에 들렀다. 자그마한 도서관처럼 꾸며진 거실과는 달리 화장실은 별다른 것 없이 삭막했다. 변기는 소변을 보고 물을 내리지 않은 채였고 세면대에는 코털 깎는 가위가 놓여 있었다. 혼자 사는 남자 집답다 생각하면서 쓸쓸함을 느꼈는데, 사진의 배경을 고민하느라 집 이곳저곳을 둘러

보았던 사진가는 안방에서 가장무도회에 쓰고 갈 법한 가면을 보았다고 했다. 코털 깎는 가위와 화려한 가면, 파묵은 그 사이의 어딘가에 있을 것이다.

무사히 인터뷰를 마친 것 같아 안도의 한숨을 내쉬며 철수할 준비를 했다. 현관에서 작별 인사를 건네며 "뉴욕에 괜찮은 튀르키예 식당이 있으면 알려줄 수 있냐"고 했더니 이 까다로운 소설가는 "나는 식당 추천해주는 사람이 아니다!"라며 또 버럭 화를 냈다. 성미 급하긴. "당신 소설에 나온 '보자'라는 걸 먹어보고 싶어서 그런다"고 했더니 그는 이내 누그러지며 "뉴욕엔 없다. 이스탄불의 거리에서만 먹을 수 있는 것"이라고 친절하게 말했다. 자기 작품에만 모든 관심이 집중되길 바라는 불같은 성정이 그를 계속 쓰도록 하는 원동력인 걸까, 생각하면서 엘리베이터를 타고 로비로 내려와 아파트 건물을 나섰다. 강바람이 세차게 불었고 싸늘한 거리에 낙엽이 휘날리고 있었다.

종종 생각한다. 그가 그날 그렇게 화를 내며 자리를 박차고 일어난 것은 동서양 갈등을 언급했다가 또다시 살해 협박을 받을 거라는 불안함 때문이었을까? 아니면 야심차게 준비한 새 소설이 '그 나물에 그 밥'이라는 평을 받을까 봐 두려워서였을까? 알 수 없지만 '낯섦'이 소설뿐 아니라 소설가인 그의 삶에서도 중요한 주제였다는 사실만은 분명한 것 같다. 글을 쓰는 일을 '바늘로 우물 파기'에 비유하며 하루에 열 시간씩 쓴다는 소설가 파묵은 노벨상 수상이라는 훈장에 만족하지 않고 끊임없이 낯설어지려고 애쓰고 있었다.

새로움에 대한 강박이 꼭 좋은 작품을 낳는다고는 생각하지 않는다. 인생의 어느 순간부터 사람은 자기가 제일 잘하는 것을 기반으로 싸우는 편이 낫다. 훌륭한 예술 작품은 대개 평생의 주제에 대한 변주다. 새로워지겠다는 과한 욕심을 부리다가 망가지는 일도 부지기수다. 그렇지만 실패할지언정 끊임없이 시도한다는 행위의 문학적 아름다움이라는 것이 분명히 있다. 결과물의 아름다움으로 이어지지 않더라도 상관없으니 일단 해보자는 마음, '나만 아는 그 아름다움'이 창작자들을 충족시킨다.

나성에 가면

전생의 나는 아주 많은 사람과 인연을 맺었던 것 같다고 종종 생각한다. 선연善緣이었는지, 악연惡緣이었는지 알 수 없지만 정말로 많은 사람을 만난 것만은 확실하다고. 그러지 않고서야 생판 모르는 누군가의 이야기를 듣기 위해 오랜 시간 비행기를 타고 바다와 대륙을 건너 멀리멀리 날아가는 직업을 가지게 된 이유를 어떻게 설명할 것인가. 도무지 내 생에 등장할 이유가 없을 것만 같은 사람을 인터뷰하게 될 때마다 궁금해진다. '이 사람과 나는 어떤 인연의 그물망으로 엮여 있는 걸까.'

배우 키라 나이틀리Keira Knightley, 1985~는 그간 인터뷰한 사람들 중 내 인생에 가장 들어올 법하지 않았던 인물이다. 나는 영화에 대해 잘 모르고, 영화 보는 일을 썩 즐기지도 않고, 영화 담당 기자를 하고 싶다는 생각도 해본 적이 없다. 물론 키라 나이틀리를 간절히 만나고 싶다고 생각해본 적도 없고, 그녀를 만나게 되리라고 상상해본 적도 없다. 그렇지만 20년 기자 인생에서 키라 나이틀리는 꽤나 중요한 자리를 차지하게 되었으니, C'est la vie(그것이 인생)······.

처음으로 해외 출장을 간 것이 직장 생활 2년 차였던 2004년 6월이었다. 출장 장소는 LA, 그때의 인터뷰이가 바로 키라 나이틀리다. 디즈니 영화 〈킹 아더〉 개봉을 앞둔 월드프리미어가 있었는데 키라 나이틀리는 그 영화에서 아더 왕의 아내 기네비어 왕비 역을 맡았다. 〈러브 액츄얼리〉가 인기를 끌며 키라 나이틀리가 한창 상종가를 치고 있던 때였다. 문화부 소속도, 영화 담당도 아니었지만 많은 경험을 쌓아 견문을 넓히는 것이 향후 기자 생활에 도움이 된다고 판단한 당시 부장의 배려로 갖게 된 기회였다.

지금도 그런지 모르겠지만 그때는 영화사가 비용을 대 언론을 초청하는 종류의 출장을 '정킷junket'이라 불렀다. 당시 영화를 담당하던 선배가 출장 안내를 해주었는데, 그가 트레이드마크인 빨간 안경테 너머로 지그시 나를 응시하며 "정킷이라는 말, 나는 참 싫어해. 놀러 간다는 뜻이거든. 출장은 놀러 가는 게 아니잖니. 일하러 가는 거지"

라고 진지한 어투로 말했던 기억이 난다. 그렇지만 아무것도 모르는 초년병 기자는 출장이 놀러 가는 일이 될 수도 있다는 개념 자체를 이해하지 못했다. 난생처음 해외 출장이라는 걸 가는데, 영화 잘 모르는데, 잘 알지도 못하는 배우를, 그것도 영어로 인터뷰해야 한다는 부담감에 짓눌리고 있었을 뿐…….

　해외 출장이라니! 설레기보다는 걱정이 앞섰다. 내가 과연 잘할 수 있을까? 드라마나 영화에서 보던 커리어 우먼처럼 보이려고 나름 '공항 패션'을 신경 써 준비했다. 검은색 정장 바지에 검정 구두, 푸른색 세로 스트라이프가 있는 흰 재킷을 입고, 대학교 때 엄마가 사 준 와인색 금강제화 핸드백을 들었다. 스스로 '이 정도면 세련된 차림'이라 만족하며 공항에 갔는데, 함께 출장 가는 영화 전문지를 비롯한 다른 회사 기자들의 옷차림을 보고 '앗, 이건 아닌데' 싶었다. 다들 장거리 비행하기 편한 티셔츠에 반바지, 슬리퍼 차림이었다. 당시 배우 장동건과 같은 비행기를 탔는데 연예인인 장동건의 공항 패션도 반바지에 흔히들 '쪼리'라 부르는 발가락 끼우는 슬리퍼……. 차려입은 사람은 나밖에 없었다. 그야말로 초짜티를 팍팍 냈던 것이다.

　신기함으로 가득 찬 출장이었다. 난생처음 가보는 미

국, 입국심사가 그렇게 어렵다는데 취재 비자와 디즈니에서 받은 초청서를 들이미니 무사통과되었다. 입국심사하는 공항 직원이 "어디서 초청받았어? 디즈니? 정말 멋진데!" 했던 기억이 난다. 말로만 들어본 '나성羅城, LA의 음역어'에 내가 오다니. 머릿속에서는 세샘트리오의 〈나성에 가면〉 첫 구절이 무한 재생되고 있었다. '나성에 가면 편지를 띄우세요/사랑의 이야기 담뿍 담은 편지/나성에 가면 소식을 전해줘요/하늘이 푸른지 마음이 밝은지'.

나성에 가면 하늘이 푸른지 마음이 밝은지 비로소 나는 말해줄 수 있게 되었다. 하늘은 구름 한 점 없이 정말로 푸르렀고 반짝이는 태양 아래 마음은 밝아졌다. 영화에서 보던 것처럼 야자수가 여기저기 서 있고, 보랏빛 자카란다 꽃이 여기저기 풍성하게 피어 있었다. 왜 TV에서 캘리포니아 오렌지주스 광고를 그렇게 해대는지 알 수 있을 것 같았다. 호텔에서 아침을 먹으면서 직원이 음료는 뭐 마시겠냐 물어볼 때 반사적으로 '캘리포니아=오렌지'라는 생각이 들어 오렌지주스를 시켰는데 우와! 델몬트나 썬키스트 오렌지주스만 마셔보았던 과거의 내게 '넌 지금까지 속고 있었어! 캘리포니아의 맛은 이렇다고!'라고 말하는 듯한 맛이었다. 그렇지만 출장은 유람이 아니었다. 일이었다.

지금 생각해보면 그렇게 힘을 뺄 출장이 전혀 아니었

는데 2년 차에겐 버거웠다. 아카데미 시상식이 열린다는 코닥 극장에서 전 세계 기자들과 함께 영화시사회에 참석했을 때부터 주눅이 들어 있었던 것 같다. 당연한 일이지만 스크린엔 자막이 없었다. 과연 자막 없이 파악한 내용만으로 무사히 인터뷰를 마칠 수 있을 것인가? 자신이 없었다. 한국에서 출장 준비를 하면서 키라 나이틀리와 관련한 기사를 찾을 수 있는 대로 빠짐없이 찾아 프린트해 갔다. 구글을 뒤져 해외 언론과의 인터뷰 자료도 몽땅 인쇄해 가지고 갔다. 서류철 하나가 인터뷰 자료로 가득 찼다. (지금 생각해보면 키라 나이틀리에 대해 소논문을 써도 될 정도로 많은 자료였던 것 같다.) LA행 비행기에서 다 읽을 수 있을 줄 알았지만 다 읽지 못해서 결국 난생처음 묵어보는 고급 호텔의 침구를 즐길 새도 없이 사전을 뒤져가며 밤을 꼴딱 새워 자료를 읽었다. 막상 인터뷰가 시작되었을 땐 잠을 못 자서 좀비 상태였다.

　한국 기자들이 다 같이 참석해 질의응답 내용을 공유하는 라운드 인터뷰였다. 같이 간 디즈니코리아 관계자가 "인터뷰 후 사진 촬영을 요청하지 말라"고 우리에게 주의를 줬다. 실례라는 것이었는데 지금 생각해보면 뭐 그렇게 실례일 것까지야……. 한국의 위상이 지금처럼 높지 않던 시절이라 '어글리 코리안'이라는 이미지를 줄까 봐 우려해

잠자코 따랐다. 인터뷰이에 대한 예의를 갖추기 위해 당연히 정장을 입어야 한다고 생각했건만 현장에 도착해보니 이번에도 나 혼자만 정장 차림이었다.

19세의 키라 나이틀리는 몸에 딱 달라붙는 검정 바지에 짤막한 레몬색 피케 셔츠를 입고 커다란 주스 컵을 들고 인터뷰 룸에 들어왔다. 인터뷰어는 물론이고 인터뷰이도 (심지어 배우인데) 당연히 옷을 갖춰 입고 등장할 것이라 생각했던 나는 짐짓 놀랐다. 나이틀리는 심지어 인터뷰 내내 의자에 양반다리를 하고 앉아 계속 빨대를 쭉쭉 빨며 질문에 대답했다. 미국 사람은 원래 저런 건지, LA 풍토가 이런 건지, 영화배우라서 그런 건지, 동방예의지국에서 온 곽아람 기자에겐 충격의 연속이었다.

키라 나이틀리는 영국 태생으로 8세에 데뷔했다. "어릴 때부터 연기하면서 개인 시간을 못 가진 데 후회는 없냐"는 질문에 "언제나 남의 떡이 더 커 보이게 마련"이라고 재치 있게 답했다. 〈킹 아더〉의 기네비어는 유약한 왕비가 아니라 강인한 여전사로 나오는데 "당신 본 모습도 영화 속 기네비어처럼 강인하냐"는 질문엔 "나는 그렇게 강한 사람이 아니다. 내가 만약 그런 상황에 놓인다면 멀리 도망갈 거다. 그렇지만 내게 굳은 신념이 있다면 그렇게 강인해질 수도 있을 것 같다"고 말했다.

다른 기자들의 질문을 열심히 받아 적으며 머릿속으로론 내가 할 질문을 되뇌고 있는데 마침내 순서가 왔다.

나　아버지가 연극배우이고 어머니가 극작가인데 부모님이 당신에게 영향을 미쳤나요?

키라　부모님은 연극을 통해 세계를 만들고 변화시킬 수 있다고 생각하셨죠. 그런 생각이 저의 연기에 많은 영향을 끼쳤어요.

나　당신에게 연기란 무엇인가요?

키라　'이야기를 들려주는 것story telling'입니다. 다른 누군가를 모방하기보다는 어떤 배우가 될지를 내 안에서 끊임없이 찾아나갈 겁니다. 연기는 현실에서 벗어나 이야기를 들려주는 거예요. 배우란 좀 더 승화된 형태의 이야기꾼이라고 저는 생각합니다.

당시엔 심오하고 철학적이며, 핵심을 찌른다 생각한 질문이었는데 지금 보니 뻔하디뻔하다. 그렇지만 2년 차 기자가 첫 해외 출장에서 던질 법한 물음이었다. 인터뷰는 생각보다 싱겁게 끝났다. 아더 역을 맡은 배우 클라이브 오언과 제작자 제리 브룩하이머 인터뷰가 이어졌고 하루가 끝날 때쯤 나는 녹초가 되어 있었다. 호텔로 돌아와 인터뷰 내용과 당시 상황을 복기하기 시작했다. 인터뷰 내내 키라가 마시던 주스 컵에 'Jamba Juice'라고 적혀 있었는데, 잠바주스가 대체 뭘까? 특별한 거라면 기사에 인용하면 좋겠다 싶어 디즈니코리아 관계자에게 물어보았더니 "그냥 미국 주스"라는 답이 돌아왔다.

낯설기 그지없었던 그 '미국 주스'. 키라 나이틀리가 마신다는 것만으로 이국적이고 특별해 보였던 그 음료의 매장은 이제 인천국제공항에도 있다. 공항에 갈 때 시간 여유가 있으면 거기서 주스를 사 마신다. 특별할 것 없는 맛. 그렇지만 내게는 추억을 상기시키는 맛. 어린 나이에 전 세계 사람들이 다 아는 스타가 된 여배우가 인터뷰 장소에까지 들고 들어온 주스는 어떤 맛일까, 궁금하기 그지없었던 맛. 달큰한 주스가 목구멍을 타고 내려가 위장으로 들어가는 감각을 느끼면서 나는 또 한 번 묻는다. 키라 나이틀리와 나는 무슨 인연인 걸까. 위장을 타고 배 속 깊은 곳까지 〈나성에 가면〉의 후렴구가 새콤하게 울려 퍼진다. '나성에 가면 편지를 띄우세요/함께 못 가서 정말 미안해요/나성에 가면 소식을 전해줘요/안녕 안녕 내 사랑'.

스승들

선배의 두툼한 손이 노트북의 키보드 위를 미끄러지며 내가 쓴 거친 문장을 정교하게 고치는 걸 지켜보고 있었다. 투박한 손가락이 섬세하기 그지없는 작업을 수행하고 있다는 것이 신기하게 느껴졌다. 그는 이 회사에서 나의 첫 스승이었다. 수습기자 때 첫 1진(사수)이었던 D선배. 그가 모든 수습기자가 해야 하는 아침, 저녁 보고 외에 나에게 시킨 일은 매일 아침 그날 보고한 사건 중 선배가 지시하는 걸로 석 줄짜리 기사를 쓰는 것이었다. 타이핑하지 말고 반드시 펜으로 쓰라고 했다. 그렇게 쓴 기사를 팩스로 선배가 있는 기자실에 보냈다.

석 줄짜리 기사는 사건 기사의 기본이다. 보통 이렇게 구성된다.

1. 서울용산경찰서는 23일 김모(40·무직)씨에 대해 구속영장을 신청했다.

2. 김씨는 지난 10일 오후 8시쯤 서울 용산구 남영동의 한 노래방에서 동거녀 이모(38·무직)씨를 살해한 혐의를 받고 있다.

3. 경찰은 "탐문 수사 끝에 김씨를 붙잡아 조사한 결과 김씨가 모든 혐의를 인정했다"면서 "동거녀가 다른 남성과 사귀고 있다고 의심해 우발적으로 범행을 저지른 것으로 보인다"고 밝혔다.

짤막하고 간단해 보이지만 쉬운 글은 아니다. 육하원칙에 따라 사건의 핵심만을 기술해야 하며, 상황에 따라 적확한 단어를 써야 한다. 이를테면 경찰은 구속영장을 '신청'하지만, 검찰은 구속영장을 '청구'한다. 무죄추정의 원칙에 따라 형이 확정되지 않은 피의자에 대해서는 반드시 '~한 혐의'라는 표현을 써야 한다. 정황상 살인자가 확실하다 해도 기사에서는 '살해 혐의가 있다'라고 해야지 '살해했다'라고 써서는 안 된다.

　일주일간 매일 아침 석 줄짜리 기사를 써서 팩스로 보냈더니 선배가 말했다. "이제 석 줄짜리는 꽤 쓰네. 다음 단계로 넘어가자." 나는 기자로서의 기본기를 그에게서 배웠다. 지금 돌아보면 당시에 겨우 5년 차였던 그가 어떻게 그리 침착한 태도로 후배를 가르칠 수 있었는지 모르겠다. 욱하면 막말을 한다는 단점이 있기는 하지만(D선배 보고 있나요?) 좋은 스승이었다. 한 여배우가 가벼운 접촉 사고를 낸 경찰에 붙잡힌 적이 있었다. 왜 그런 가십거리를 기사로 써야 하는지 이해할 수 없었다. "제가 스포츠신문 기자도 아닌데 왜 써야 하나요?"라고 했더니 선배는 말했다. "예전에 나도 너처럼 그런 의문을 가졌어. 그런데 생각 끝에 결론을 내렸어. 우리는 독자들이 궁금해하면 다 쓴다고 말이야."

　　P선배는 짧고 경쾌한 문장을 좋아했다. 만연체인 나는 번번이 그에게 지적받았고, 내가 쓴 기사는 그의 손만 거치면 누더기가 되어 돌아오곤 했다. 자존심이 무척 상했다. 단문이라 하여 반드시 좋은 문장인 것도 아니고, 만연체라고 나쁜 문장인 것은 아니다. 쓰는 이의 개성과 사고의 흐름이 다른 것일 뿐 무리 없이 잘 읽히기만 하면 만연체도 상관없다고 생각한다. 그렇지만 당시의 내게 만연체를 쓸 자유는 없었다. 그가 나의 상사였으므로 무조건 복종하는 수밖에. 정말 싫었지만 결과적으로 배운 게 많았다. 결이 다른 사람을 스승으로 두면 완전히 다르게 생각하는 법을 배우게 된다. 그는 성격도, 기질도, 생각하는 방

식도 나와 달랐다. 나는 그를 통해 그간 쓰지 않고 묵혀두었던 뇌의 다른 쪽을 사용하는 방법을 익히게 됐다. 여전히 만연체를 좋아하지만, 필요하다면 단문으로 속도감 있게 쓰는 법도 익혔다. 오른손잡이에서 양손잡이로 거듭난 것이다.

P선배는 또 디테일에 목숨을 걸었다. 이를테면 "양복을 입은 한 남자가 거리를 지나쳐 갔다"라고 쓰기 보다는 "갈색 모직으로 된 브룩스브라더스 양복을 입은 40대 후반의 남성이 비에 젖은 거리를 성큼성큼 걷고 있었다"라고 쓰라는 식이다. 신문은 지면 제한이 있기 때문에 대부분의 기자는 묘사의 디테일을 생략하고 팩트만 건조하게 쓰는 편을 좋아한다. 나 역시 신문사 생활을 하다 보니 관성이 붙어 디테일을 생략하곤 했다. 공들여 쓴 기사에서 디테일을 제거하고 나면 살은 다 발라내고 뼈만 남은 생선을 보는 것 같았지만 선배들이 그렇게 하라니 그래야 하나 보다, 아무 생각 없이 따르고 있었다. 그렇지만 P선배는 달랐다. "넌 디테일을 키워야 해. 문화부 기자의 기사엔 디테일이 있어야 한다"고 거듭 말하곤 했다.

그 말이 맞다. 특히 인터뷰 기사를 쓸 때 그렇다. 독자들이 기억하는 건 인터뷰이의 메시지보다는 디테일이다. 2020년 진중권 전前 동양대학교 교수를 인터뷰할 때였다. 그는 정오쯤 기상해 편의점 김밥 한 줄과 다이어트 콜라로 '아점'을 먹는다고 했다. 지면 기사에는 분량 때문에 쓰지 못했지만 P선배의 조언을 생각하며 온라인 기사에는 그 내용을 썼다. 진중권이라는 인물을 입체적이고 생생하게 보여줄 수 있는 요소라 생각했다. 기사가 나간 후 내게 쏟아진 질문은 당시 한창 정권과 각을 세우고 있었던 그의 정치적 발언이 아니라 '김밥과 다이어트 콜라'에 집중돼 있었다.

글쓰기에 관해서라면 신문사보다 좋은 학교는 없을 것이다. 구성원 대부분이 글쓰기에 재능이 있는 사람들이고, 언제든 글에 대한 의견을 이야기할 준비가 되어 있으니까. 자기 글을 동료들에게 읽어봐달라 부탁하는 건 신문사에서 흔한 풍경이다. 논지에 대해서 의견을 구하기도 하고, 정치적으로 민감한 내용이 없는지를 체크해달라기도 하며, 단어와 문장의 쓰임새가 어색하지 않은지를 봐달라기도 한다. 잘 모르는 내용에 대해서는 박식한 이들에게 조언을 구한다. 선배에게는 물론이고 후배들에게도 묻는다. 초년병 기자뿐 아니라 데스크들도 자기 글을 남에게 읽어봐달라 한다. "이 기사의 마무리는 A라고 하는 게 나을까? B라고 하는 게 나을까?" "여기서 조사를 '~가'라고 쓰는 게 좋을까? '~는'이라고 쓰는 게 좋을까?" 스스로를 예술가라 여기는 일부를 제외하고 기자는 대부분 자기 글이 완벽하지 않다는 걸 안다. 동료들의 의견을 수렴해 고치면 고칠수록 더 좋은 글이 된다고 믿는다. 쓰는 일에 대한 이해가 있으며, 글에 대한 이야기를 나눌 수 있는 사람들과 함께 일할 수 있다는 것이 이 직업의 가장 큰 장점이라고 생각한다.

동료들의 기사 하나하나가 교본이다. 초년병 때도, 그리고 지금도 동료들의 기사에서 본받을 점이 있으면 따라 해본다. 소유격을 생략하는 선배의 글 스타일을 따라 소유격을 덜 써본다거나, 압축적인 문장을 잘 쓰는 후배처럼 내용을 최대한 압축해본다거나……. 이 직장에, 글쓰기 레시피는 무한하다. 그중 마음에 드는 것을 차용해 요리하다 보면 어느덧 나만의 레시피가 생긴다. 그 레시피가 또 누군가에게는 교재가 될 것이다.

일하는 태도를 가르쳐주는 스승들도 있다. K선배는 종종 내가 쓴 기사를 보며 "한 발만 더 가보자"라고 차분한 목소리로 말하곤 했다. 한 발 더 가보라는 게 어떤 건지, 명확히는 몰랐지만 어쨌든 내가 최선을 다하지 않았다는 것만은 알 수 있었다. 그런 말들에 자극받았고 스스로를 돌아보게 되었다. 아무리 일이 많아도 항상 웃으며 후배들을 대하는 선배도 있고, 절대 남의 뒷이야기를 하지 않는 선배, 후배들을 위해서라면 겁먹지 않고 간부들에게 옳은 소리를 하는 선배, 바빠도 동료들의 애경사는 꼭 챙기는 선배도 있다. 기자 아닌 한 인간으로서 그런 태도를 배우고 싶다 생각한다.

물론 반면교사反面敎師도 많다. '절대로 저 사람처럼 하지는 말아야지'라고 결심했는데, 나중에 후배들에게 그 사람처럼 하고 있는 나 자신을 발견하고 실망하는 경우도 잦다. 그럴 때면 '아, 그때 그 사람이 이래서 그랬구나'라고 생각하면서 타인에 대한 이해의 폭을 조금이나마 넓히려 노력한다.

『논어』의 「술이述而」 편에 이런 말이 있다. "세 사람이 행하면 반드시 나의 스승이 있으니, 그중에 선한 자를 가려서 따르고, 선하지 못한 자를 가려 자기 잘못을 고쳐야 한다三人行必有我師焉 擇其善者而從之 其不善者而改之." 잘 쓰는 사람도 못 쓰는 사람도, 정의로운 인간도 비열한 인간도, 따스한 이도 냉혹한 이도 모두 스승이라 생각한다.

기레기

세상에 욕 안 먹는 직업 없다지만 디지털 시대에 기자로 사는 일은 고달프다. 제 이름 내걸고 글 써서 먹고사는 직업 특성상 검색 몇 번에 신상 털리는 건 금방이다. 포털사이트의 기사 댓글은 욕설로 넘쳐난다. 기사에 대한 건전한 비판일 때는 아프다. 상대를 배려하지 않고 무정無情한 기사를 썼다거나, 의도하지 않았는데 기사로 인해 누군가 피해를 입었다 할 때, 그런 경우에는 겸허히 받아들이고 반성한다.

그렇지만 대부분의 악성 댓글은 기사 내용과 관계없는 인신공격이다. 여성 문제 관련해 기사를 쓰면 십중팔구 이런 댓글이 붙는다. "이 기자 못생겼을 듯" 혹은 "이거 쓴 기자 여자지?" 성질 같아서는 "그렇게 말하는 너는 어떻게 생겼냐?" 혹은 "그래 나 여자다! 어쩔래?"라고 맞받아 치고 싶지만 온라인에선 정보가 공개된 사람이 그렇지 않은 사람에 비해 약자이므로 이를 악물고 참는다.

그중 가장 흔한 욕은 '기레기(기자+쓰레기)'다. 처음엔 도덕적으로 문제가 있는 일부 기자들을 비난하는 말로 쓰였겠지만 요즘은 그냥 자기 마음에 들지 않는 기사를 쓰면 무조건 기레기라고 부르는 것 같다. 특히 자신과 정치색이 다른 매체에 종사하는 기자는 묻지도 따지지도 않고 기레기다. 처음엔 그런 말을 들으면 '내가 뭘 잘못했나' 돌아보기도 했지만, 요즘은 무감하다. '아, 또 그러나 보다' 한다.

대한민국의 이념 갈등은 무섭다. 자신들의 정치 성향에 걸맞지 않는 기사를 쓴 기자들을 온라인상에서 '처단'한다. 이름과 약력, 사진을 죄인 효수(梟首)라도 하듯 온라인 공간에 '박제'하고 '기레기 리스트'를 만들어 조리돌리며 돌팔매질하라고 군중을 부추긴다. 가족 얼굴과 신상이 공개되는 일도 부지기수다. 비슷하게 사고하는 이들과만 교류하며 자신들만 옳다고 믿고 다양성을 인정하지 않는 소셜미디어 시대의 폐해라 생각한다. 기사 댓글을 읽지 않은 지 오래됐다. 무턱대고 욕설만 늘어놓으며 자기들끼리 싸우기 바쁜데 귀한 시간 들여가며 굳이 읽을 이유가? "전

제 기사에 악플 300개 달려도 신경 안 써요"라고 말하면 사람들은 보통 "멘탈 대단하시네요" 하는데, 매도 매일 맞다 보면 무뎌진다.

여성 기자의 경우 독자를 빙자한 네티즌들에게 성희롱·성폭력·협박당하는 일은 다반사다. 악플 정도는 양반이다. 이메일도 오고 사무실로 전화도 온다. 20년쯤 전에 성매매특별법 시행을 반대하는 성매매 여성단체 대표를 인터뷰했더니 메일함에 불이 났다. "성매매를 옹호하는 걸레 같은 년!" 진중권 전 동양대학교 교수를 비롯한 '조국흑서' 저자들 언론 간담회를 취재하고 기사를 쓴 날엔 조국흑서 필자들과 정치적으로 반대 진영에 있는 네티즌으로부터 "가족들과 함께 있는 거 보면 침 뱉어줄게. 얼굴 아니까"라는 메일이 왔다. 사람을 협박하면 쓰나? 당장 경찰에 신고했다. 메일을 보낸 이는 성인 마사지숍을 운영하는 재미 교포 남성으로 밝혀졌다.

10여 년 전 한 취재원이 사무실로 전화를 걸어 다짜고짜 욕을 퍼부었다. 화랑을 운영하는 사람이었는데 자기네 전시회 기사가 신문에 안 실린 게 불만이었다. 얼굴도 본 적 없는 사람이 "너 돈 먹고 기사 쓰지? 내가 돈 안 줘서 기사 안 쓴 거지? 우리 남편이 ○○ 신문사 부장 출신이라 내가 언론의 생리를 아주 잘 알아. 느네 다 돈 받고 기사 쓰잖아?" 몰아붙이는데 "댁 남편이나 돈 받고 쓰겠지"라고 받아치고 싶었지만 예의가 아닌 것 같아서 참았다. 끝까지 참았으면 좋았으련만 경남 모 도시 출신이라는 그가 "쪼깬한 게, 어디서 까불고 있어! 쪼깬한 게!"라고 퍼부어댈 때 결국 폭발해 수화기를 던져버렸다.

내가 왜 그 지점에서 화가 났는지 서울 사람들은 이해하지 못했다. "돈 받고 기사 쓰냐는 말이 더 화가 나지 않아? 왜 '쪼깬한 게'에서 화가 난 거야? 너 안 작잖아. 키 크잖아" 하는 선배들에게 구구절절 설명하자니 나 참……. 경상도 말로 쪼깬한 게는 몸집이 작다는 뜻이 아니다. '애송이 주제에 어디 감히!'라는 뜻이다. 돈 받고 기사 쓰냐는 말은 사실이 아니니 무시하면 되지만, 내가 본인보다 어리다는 이유로 업신여기는 건 참을 수 없었다. 경상도 네이티브만 이해할 수 있는 욕이었는데 내가 마침(?) 욕설 퍼부은 이의 옆 동네 출신이라 단번에 알아들었을 뿐.

모든 직군엔 소위 '쓰레기 같은 인간'이 일부 존재한다. 그렇지만 훨씬 많은 사람이 일에 대해 애정을 가지고 성실하게 일한다. 기자들도 마찬가지다. 기레기라는 멸칭에 상처받고 온라인 괴롭힘에 시달리다 일을 그만두는 동료들을 볼 때면 마음이 아프다. 모니터 너머에서 익명으로 공격하는 키보드워리어들 때문에 상처받을 때마다, 그 상처를 기억한다. 저들과 달리 나는 알량한 펜대 쥐었다고 남의 눈에서 피눈물 나게 하는 사람은 되지 말자고 다짐한다.

그나저나 어느 날 집에 전화를 걸어 "엄마, 사람들이 우리보고 기레기래" 하소연했더니 "기레기가 뭔데?" 물은 모친님, "기자+쓰레기"라는 설명을 듣곤 이렇게 말씀하셨다. "넌 기레기 아니고 기우리야, 기우리. 기자+돼지우리. 제발 집 좀 치우고 살아라. 어쩜 그렇게 지저분하게 해놓고 사니?" 옆 회사 기자인 대학 후배가 이 이야기를 듣고 말했다. "누나, 제발 그 단어를 네티즌들에게 알리지 마요……."

부모를 속일 수 없는 직업

엄마와 나는 대개 사이가 좋지만, 가끔 크게 다툰다. 한번 화를 내면 끝장을 보는 성격의 소유자인 나는 매번 '이번엔 정말 부모 자식 간의 연을 끊겠어!'라고 결심한다. 전화가 와도 받지 않고, 문자에도 답하지 않는다. 보통 이런 경우 자식 이기는 부모 없다고 부모 쪽에서 애태우며 먼저 화해하자고 나선다는데…… 어떻게 된 게 우리 집에선 전전긍긍하며 먼저 꼬리를 내리는 쪽은 항상 나다.

내리사랑은 있어도 치사랑은 없다고, 다른 집 부모들은 항상 자식의 동태를 궁금해하며, 떨어져 사는 자식이 연락을 끊으면 더 조바심 낸다고 들었다. 그렇지만 나와는 별개의 이야기. 일반론에 근거해 엄마에게 대응할 전략을 짰다가는 백전백패百戰百敗다. 엄마는 신문을 통해 내 동선을 훤히 꿰뚫고 있기 때문이다. 집에 연락을 하지 않아도 매일 기사는 나온다. 기사가 나온다는 건 어쨌든 멀쩡히 출근해 일은 하고 있다는 징표이므로 엄마 입장에선 '얘가 출근은 했나' '일은 잘하고 다니나' 걱정할 이유가 하나도 없는 것이다. 결국 정보의 비대칭성 때문에 항상 패배하는 쪽은 나. 부모 자식 간 갈등에서 부모를 걱정시키는 일에 실패하면 자식은 결코 유리한 고지를 점하지 못한다.

연락이 끊겨도 부모님은 염려하지 않는다. 신문을 보고 '아, 해외 출장 갔구나' '아, 이런 기사 쓴다고 바빴구나' 알아서 짐작한다. 기사가 없으면 "왜 일 안 하니?" "이번 달에는 많이 놀았더라?" 연락이 오기도 한다. 출장 간다고 가족에게 거짓말하고 따로 몰래 놀러 가는 사람들도 세상엔 많다던데, 내 경우엔 출장 다녀온 결과물이 신문 지면에 실리지 않으면 대번에 의심을 사므로 그런 시도조차 하지 못한다. 일하러 어디에 갔는지, 누굴 만나서 어떤 일을 했는지, 일을 많이 하는지, 적게 하는지가 부모에게 낱낱이 알려지는 직업이 기자 말고 또 있을까.

그래서 나는 엄마와 다투면 웬만해선 초반에 화해한다. 울 엄마는 예의상(?) 전투 초반에 전화와 문자 몇 번 보내다가 답 없으면 정말로 그 이후엔 연락을 끊어버리는 스타일. 어차피 내게 불리한 싸움, 냉전 끝에 먼저 연락할

빌미 찾느라 구차해지기 전에 못 이기는 척 화해의 제스처를 보내는 편이 나중에 모양 빠지지 않고 좋다. 결국 부모님의 안부가 궁금해 애가 달게 되는 건 내 쪽이므로. 그러니까 엄마, 우리 그냥 사이좋게 지내자. 다자이 오사무가 그랬단다. 비밀이 생겼다는 건 어른이 되었다는 증거라고. 이직을 하게 된다면, 부모에게 비밀을 가질 수 있는 '어른의 직업'을 택하고 싶다.

직업병

또 끊었다, 남의 말.

　　마음속으로 서늘한 죄책감이 스쳐 지나간다. 내색은
않았지만 상대는 기분 나빴을 것이다. 남의 말 가로채는
이 버릇, 고쳐야 하는데 일하면서 몸에 밴 습관을 교정하
기가 쉽지 않다. 상대가 말하는 걸 잘라버리고 중간에 끼
어드는 버릇은 인터뷰하며 생긴 직업병이다. 인터뷰에 주
어진 시간은 한정돼 있고, 마감 시간은 닥쳐오는데 인터뷰
이가 장광설을 늘어놓는 걸 끝까지 들을 만한 여유가 없다
보니 생긴 버릇. 자, 선생님 그 이야기는 충분히 하셨으니
다음 주제로 넘어가시죠. 직설적으로 말할 수 없으니 중간
에 개입해 화제를 돌린다. 그 이야기는 이제 그만하라고
대놓고 말하면 예의에 어긋나는 것 같아 나름 우회한다고

택한 방법인데 중간에 자르는 게 상대는 더 불쾌할지도 모르겠다. 기사가 되는 이야기와 기사가 되지 않는 이야기를 구분해 전자만 흡수하는 건 비인간적일 순 있어도 일할 때는 분명 효율적이다.

문제는 업무가 아닌 일상 대화에서도 이 버릇이 불쑥불쑥 튀어나온다는 것이다. 일이라는 게 뭐 그렇게 중요하다고 직업병 핑계를 대며 남의 기분을 상하게 하고 가까운 이들에게 상처를 주게 되는 건지······. 목구멍이 포도청이라 그렇다고 건강부회해보지만 나는 알고 있다. 모든 기자가 이러지는 않는다. 조급한 내 성정 때문, 인격 수양이 덜 되어서다.

"어떻게 그렇게 전화를 빨리 받아? 신호음이 가기도 전에 받는 사람은 네가 처음이야." 오랜만에 연락해온 친구가 놀란 목소리로 말한다. 페이스북 댓글에 대댓글을 바로바로 달았더니 "너 꼭 페이스북 안에서 사는 사람 같다"라는 말을 들은 적도 있다. 이렇게 쓰고 보니 스마트폰 폐인 같지만 스마트폰이라는 게 생기기 전에도 휴대전화를 붙들고 살았다. 전화벨이 울리면 3초 안에 받는다. 문자메시지에는 즉시 답한다. 항상 대기 상태로, 뇌에 비상 깜빡이를 켜놓고 사는 기자들의 직업병이다. 이러다 보니 '민간인'들은 도무지 이해하지 못하는 상황도 종종 발생한다.

업무 관련 카카오톡 메시지에 3분 정도 답을 안 하면 당장 회사에서 전화가 걸려온다. "왜 이렇게 연락이 안 돼?" 취재를 마치고 기사를 보낸 후 일 다 끝냈다 싶어 마사지를 받으러 간 적이 있다. 탈의실 옷장에 휴대전화를 넣어놓고 한 시간가량 연락을 못 받았더니 데스크로부터 전화 열 통과 메시지 수십 개가 와 있었다. 연락 안 되는 법이 없던 사람이 연락을 안 받으니 길거리에서 쓰러지기라도 한 줄 알았단다. 퇴근 후나 휴일엔 전화를 꺼놓을 수 있는 사람들, 한두 시간쯤 전화에 신경을 쓰지 않아도 아무 문제 없는 사람들이 부럽다. 그렇지만 정작 전화 안 받고 카카오톡 답장 늦는 사람들을 대하자면 속이 터진다. 엄마가 전화를 안 받아도 "왜 이렇게 전화를 안 받아! 이럴 거면 전화 왜 가지고 다녀?" 버럭 한다고 했더니 동료들이 모두 고개를 끄덕였다. 이놈의 직업병.

안 그래도 급한 성미가 이 일을 하면서 더 급해졌다. 뭐든 빨리하는 것은 기자의 미덕이다. 취재도 빨리, 마감도 빨리. 빠르게만 하면 안 된다. 빠르고 정확해야 한다. '신속 정확'이라니 인간이 아니라 기계 같다. 우리는 작업대 앞 기능공들처럼 매일 기계적으로 손을 놀려 기사를 생산해낸다. 내 경우 200자 원고지 5~6매 분량의 기사를 쓰는데 한 시간이 채 안 걸린다. 그러다 보니 손이 느린 사람을 못 참아낸다. "빨리해, 빨리. 왜 그렇게 늦어? 마감 시간 다 됐어." 회사에서 가장 많이 하고 듣는 말인 것 같다. 방망이 깎는 노인처럼 긴 시간을 들여야 빛나는 일도 세상엔 분명 많지만, 신문사에서 방망이 깎다간 밥값을 못 하게 된다.

때론 주변 사람들로부터 지청구를 듣는다. "내가 네 회사 후배야? 그렇게 몰아붙이면 어떡해?"(엄마) "재촉하지 좀 마. 모든 사람이 너처럼 뭐든 빨리하는 건 아니야."(친구) 이런 말을 들은 날이면 종일 속이 상한다. 일을 하되 일에 먹히지는 말자고 늘 결심하지만, 결국은 일에 먹히고 말았다는 생각이 든다. 지금은 다른 직종으로 이직한 입사 동기가 이런 말을 했었다. "사람들은 우리더러 자기중심적이고 차갑다고 말해. 기자 일을 잠시라도 해본 적이 없는 사람들은 절대로 이해 못 하지. 우리가 발등에 불이 떨어지면 어떤 상태가 되는지. 그건 가족도 이해 못 해주는 거야. 근데 우린 다른 사람들이 우릴 이해 못 한다는 것까지 이해할 필요가 없는 거고."

이러는 나는 친구들의 일이 어떤지 이해하고 있나? 그렇지 않다. 나 역시 친구들의 직업병이 불거질 때 서운하다. 동료와 갈등이 생겨 하소연했더니 내 편을 들어주기는커녕 건조하고 객관적인 어조로 상대의 입장을 또박또박 짚어주는 법조인 친구에게 이렇게 말한 적이 있다. "난 네 친구야. 네가 법정에서 만나는 사건 당사자들이 아니라고! 제발 친구처럼 말해줄래?" 그는 멈칫하더니 풀 죽은 목소리로 말했다. "나, 가족한테도 비슷한 말 들은 적이 있어." 아, 나만 겪는 일이 아니구나…….

일에 치여 의도치 않게 남을 아프게 한 아리고 슬픈 경험, 누구에게나 있다. 그렇지만 모두 꾸역꾸역 그 슬픔을 삼켜가며 고개를 숙인 채 묵묵히 자신의 일을 한다. 그렇게 번 밥을 먹을 때면 숟가락을 입에 넣다가도 목이 멘다. 여리고 고운 성정의 일부를 내어줄 수밖에 없는 것이 일의 속성이라고, 그 대가로 돈을 버는 거라고, 다들 그렇게 산다고 생각하면 조금은 위로가 된다.

기자답다는 말

밤의 경찰서엔 익숙하다. 수습기자 때 6개월을 서울시 내 경찰서 기자실에서 먹고 잤고, 수원 취재 본부에 파견 가 있던 5년 차엔 경기 경찰청 출입기자였다. 밤의 형사계라 든가, 강력계라든가, 경찰이라든가 하는 것들은 내게 두려움의 대상이 아니다.

2년 전 여름, 오래간만에 밤의 경찰서에 갔다. 폭행 사건 피해자로 가해자를 고소하러 갔다(구체적인 사건 내용은 피고소인의 명예가 훼손될 수 있으므로 밝히지 않겠다). 그날, 밤의 경찰서에서 나는 두려워서가 아니라 서러워서 울었다. 아무 일도 아니라는 듯 시큰둥한 형사들 앞에서 "저도 야근하시느라 힘든 거 다 알고, 칼에 찔려서 온 것도 아닌 잔챙이 사건 귀찮은 것도 다 아는데 당신 딸이 그런

일 당했다고 생각해보시라"며 펑펑 울었다. 남자들이 제일 무서워하는 여자는 우는 여자. 야간 당직, 아무 일 없이 조용히 넘기고 싶은데 웬 사건이냐 싶어 귀찮아하는 기색이 역력하던 형사들이 내가 울기 시작하자 급당황했다.

"물 마실래요?" "휴지 필요해요?" "일단 한숨 돌려요." "낮엔 이런 거 설명해주는 당직자가 있는데 오늘은 없어서 낮에 다시 설명드리려 그러죠."

갑자기 사뭇 다정해지며 회유의 말을 한마디씩 던지더니 조서를 쓰자고 한다. 형사에게 울먹이며 주절주절 사건의 전말을 늘어놓자 아무래도 이 사건은 폭행이라기보다 명예훼손이나 모욕에 더 가까우니 형사팀 아닌 지능팀에서 담당해야 할 것 같다며 이렇게 말한다. "기자 일도 하셨다니까 잘 아시겠지만……." 아까 직업 물어봐서 분명히 기자라고 했는데……. 알 수 없는 서러움이 북받쳐서 더욱 울먹였다. "저, 기자 일 한 게 아니고 지금도 기자예요. 엉엉엉." 아무래도 우는 여자는 기자로 안 보이나 보다.

이윽고 지능팀. 나보다 열 살은 어려 보이는 지능팀 당직자도 내가 울먹이자 급당황. 사뭇 다정하게 "세상에 이런 일이 다 있어요? 이런 사건 처음 봐요." "여자 혼자 얼마나 힘드셨을까." "여긴 왜 혼자 오셨어요. 친구라도 데려오시지." 어르고 달래며 소장을 접수받는데 내가 진짜

이 밤에 왜 여기서 이러고 있나 싶어 다시 서러워졌다. 눈물 콧물 다 빼가며 조사에 응하는데 수사관이 조심스레 말했다. "저기…… 지금 힘드셔서 말씀에 두서가 없으신 거죠? 기자시라던데, 회사에서 일하실 때는 또박또박 조리 있게 말씀 잘하시는 거죠?"

다음 날 밤, 추가 조사받으러 간 경찰서. 전날 대성통곡해서인지 악성 민원인으로 등극한 이를 담당하는 친절도 특A급 수사관이 배정된 듯했다. 이날도 말하다 눈물이 나와 훌쩍이며 진술하는데 한참 친절하게 이야기를 들어주던 수사관이 조서의 직업란을 흘끗 보더니 미심쩍어하며 물었다. "그런데 기자라면, 프리랜서인가요?" "아니요…… 저 프리랜서 아니고 신문사 다녀요." 당시 18년 차였건만 도무지 기자처럼 안 보이는 모양이었다. 눈 매섭기로 둘째가라면 서러울 형사들이 이러면 말 다 했지……. 아무래도 직업을 바꿔야 하나 보다.

"기자처럼 안 보인다"는 말을 종종 듣는다. 말하는 이는 그 말을 칭찬이라고 하니 "기자처럼 보인다"는 말은 아무래도 욕인가 보다. 그럼 대체 '기자처럼 보이는 것'은 무엇인가? 도도하고 냉철한 이미지였으면 좋겠지만 피도 눈물도 없는 사나운 이미지가 기자에 더 가까운 것 같다. 기자에게, 특히 여성 기자에게 "기자처럼 안 보인다"는 말은 억세고 무서울 줄 알았는데 '의외로' 부드럽고 상냥하다는 뜻일지도 모른다.

언론사에서 "기자답지 못하다"는 말은 비난이다. 요즘은 문화가 많이 개선되어 그런 일은 잘 없지만 10년 전만 해도 성깔 있는 데스크들은 후배 기자의 취재나 기사가 마음에 안 들면 사람들 다 보는 앞에서 "네가 이러고도 기자냐? 기자야?" 다그쳤다. 특종을 위해서라면, 기사를 위해서라면, 물불 가리지 않고 탱크처럼 돌진하는 열혈 기자가 이상적인 기자상으로 꼽히던 시절이었다. 기자 정신이란 곧 '곤조こんじょう, 근성'와 동의어라고 여겨졌는데, '근성根性'에도 여러 가지가 있겠으나 우유부단한 성격은 '바람직한' 근성과는 거리가 먼 것처럼 생각되었다. 확신에 찬 성격과는 거리가 멀어서 오해도 많이 사고 야단도 많이 맞았다. 조심성 많아 내지르지 못하는 나의 성정이 이 직업과 도무지 걸맞지 않은 것 같아 한탄스러운 적도 많았다. 눈물 섞인 나날을 보내고 있는데 한 선배가 이렇게 위로해주었다. "기자라고 다 똑같아야 하나? 이런 사람 있고, 저런 사람 있듯이 이런 기자 있고 저런 기자 있는 거지." 그 말이 내게 자그마한 돌파구가 되었다. '그러게, 신문은 세상을 담아내는 그릇인데 세상엔 이런 사람 저런 사람 다 있잖아? 그러니까 신문사에도 이런 기자 저런 기자 있어야

더 좋은 신문을 만들지!' 힘들 때마다 그렇게 생각했다.

　이제 더 이상 회사 내에서 "네가 기자냐?"라고 말하는 사람은 없다. 한 회사를 20년쯤 다니다 보니 '기자다운 구석이 뭐라도 있으니 저렇게 오래 다니겠지'라고들 생각하나 보다. 아니면 다들 속으로는 '무슨 기자가 저래?' 하고 있지만 연차도 있고 나이도 있으니 차마 그런 말을 하지 못해 삼키고 있는지도 모른다. 가끔씩 궁금하다. 대체 '기자다움'이란 무엇인가. 신문사에서는 기자라면 셋 중에 하나는 잘해야 한다고 말한다. 특종을 가져오거나, 신선한 기획을 하거나, 글을 잘 쓰거나. 셋 다 썩 잘하지 못하는 나는 역시나 기자답지 못한 것일까? 한 가지만은 분명하다. 밤의 경찰서에서 우는 여자는 아무도 기자라 생각하지 않는다.

당직 서는 날

또 당직이다. 당직은 없는 집 제사처럼 꼬박꼬박 돌아온다. 일주일에 평균 한 번 이상 평일 당직을 서는데, 만일 같은 주에 일요 당직이나 토요 당직이 있고, 휴가나 출장 등 이러저러한 일로 동료들과 날짜를 바꾸다 보면 운 나쁜 때는 일주일에 세 번씩 당직 근무를 해야 할 때도 있다.

 "당직이라니 대체 뭘 하는 거냐?"라고 기자 아닌 친구들이 묻는다. 하긴. 의사, 경찰, 검사 등을 제외하고 당직 근무가 있는 직종 거의 못 봤다. "숙직 교사처럼 곤봉 들고 밤에 건물 안을 순찰하는 거냐"라고 묻는 사람들도 있다. 그럴 리가……. 언론사의 당직자는 비상 상황을 대비하기 위한 예비 인력이다. 낮 시간에는 〈연합뉴스〉 등 통신 기사를 체크하여 속보가 뜨면 담당 기자들에게 즉각 알려준다. 담당 기자들이 다른 취재 때문에 이메일이나 통신을 확인하지 못할 경우에 대비해서다. 빈 시간엔 그야말로 '5분 대기조'다. 사건이 벌어졌을 때 담당 기자들이 연락이 안 되거나 하면 당직자가 기사를 처리한다.

우리 부서의 경우 '상원'이라 불리는 시니어 기자와 '하원'이라 불리는 주니어 기자가 한 조를 이뤄 당직을 서는데 하원은 〈연합뉴스〉를 챙기고 상원은 부장 유고有故 시 부장을 대신해 밤 회의에 들어간다. 밤에 무슨 회의를 하냐고 물어보는 사람들이 있는데, 조간신문은 밤에 만든다. 우리 회사에선 밤 9시 15분에 최신 뉴스를 반영해 지면을 확정 짓는 편집회의를 한다.

"밤에 그렇게 사건이 많아? 너 문화부잖아"라고 다시 기자 아닌 친구들이 묻는다. 죽음은 모든 이에게 공평하다. 문화계 인사라고 해서 죽음이 비켜 가나? 그렇지 않다. 정치인도, 경제인도, 문화계 인사도 비슷한 빈도로 세상을 떠난다. 밤에 누군가의 부고가 들려오면 난감하다. 연세 드신 어른들의 경우 부고 기사를 미리 써놓기도 하는데 건강해 보였던 사람이 갑자기 세상을 뜨면 기자들은 허둥댄다. 유족들에게 연락을 돌려 사인死因 등을 묻는 취재는 아무리 해도 익숙해지지 않는다. 사건·사고가 발생하면 병원 영안실로 달려가던 사회부 수습 때나, 신문사 밥을 먹을 만큼 먹은 지금이나 가장 하기 싫은 일은 유족 취재다. 가족을 잃은 슬픔으로 가득 찬 사람에게 "몇 시쯤 세상을 뜨셨나요? 마지막으로 남기신 말은 없나요?" 따위를 물어야만 하는 이놈의 직업. 차라리 망자亡者가 오래 병석에 누워 있었던 경우가 낫다. 예상했던 일이 닥쳤다 싶으니 유족들의 충격이 그나마 덜하다. 사고사나 자살일 때는 정말 유족들에게 연락하고 싶지 않다. 하늘이 무너지는 듯한 고통을 겪고 있는 사람들에게 시시콜콜 묻자니 마음이 괴롭기 때문이다.

담당 기자가 출장으로 자리를 비우거나, 연락이 닿지 않아 잘 모르는 분야 기사를 갑자기 대신 써야 할 경우도 달갑지 않다. 2020년 9월 BTS가 신곡 〈Dynamite〉로 빌보드 싱글차트 핫100에서 2주 연속 1위를 했다. 미국과의 시차 때문에 밤에 발생한 상황인데 그날 안타깝게도 당직자는 나였다. 나 음악 모르는데……. BTS 노래 한 번도 들어본 적 없는데……. 담당 기자의 지난 기사를 참고하며 어찌어찌 썼는데 쓰면서도 내가 맞게 쓰고 있는 건지 알 수가 없었다. 짧은 기사지만 혹시나 실수해서 아미ARMY, BTS 팬클럽의 격렬한 항의를 받으면 어떡하나, 덜덜 떨면서 기사를 완성했다.

그래서 당직은 몇 시까지 하냐고? 부서마다 다르지만

우리 부서는 밤 11시까지 한다. 수도권판 신문 종쇄終刷가 대략 그쯤이기 때문이다. 당식을 서며 야근하다 보면 사동使童이 인쇄된 내일 자 신문을 가지고 와 자리에 놓고 간다. 대장臺狀으로 확인하지 못한 오류가 혹시 있을까 신문을 꼼꼼히 체크한다. 택시를 하염없이 기다리다가 겨우 잡아타고 "밤새도록 불 켜져 있는 저 건물은 대체 뭐 하는 곳이냐" 궁금해하는 택시 기사에게 신문사의 일과를 설명하면서 집에 가면 자정쯤. 몸은 천근만근 피로하지만 뇌가 잔뜩 활성화돼 잠들기 쉽지 않다. 일찍 자고 일찍 일어나는 규칙적인 생활을 하고 싶지만 이 직장에 다니는 이상 불가능하다. 신문은 밤에 만들고, 당직은 주기적으로 돌아오므로 어쩔 수 없이 올빼미가 된다.

며칠 전 당직 날 밤엔 아무도 세상을 뜨지 않고, 어떤 한국 가수도 빌보드차트 1위를 하지 않았다. '오늘은 무사히 지나가나 보다' 마음 놓고 읽고 싶은 책을 읽으며 사무실을 지키고 있었는데 10시 반쯤 갑자기 휴대전화에 뜬 부장 전화번호. 아놔, 대체 뭘까. 긴장하며 전화받았더니 내가 책임지고 만드는 토요일 자 책 소개 지면 단신 중 하나가 지난주와 겹친다는 지적이 들어왔다고. 부랴부랴 기사 빼고 다른 책 찾아 사진 찍고 후다닥 기사 써서 강판 시간 전에 끼워 넣었다. 그러니까…… 세상에 쉬운 당직은 없다.

만일 기자 일을 그만두게 된다면 이직의 조건은 확실하다. 당직 근무 없고, 빨간 날 출근 안 해도 되는 직장. 세상에 그런 직장이 대부분인 거 같은데 난 왜 하필 이 직업을 택한 걸까. 웰빙 따위 나태하다 여기며 치열하게 살고 싶다 생각했던 20년 전의 나, '세상 물정 모르는 청춘'이란 말이 딱 어울렸구나.

정의란 무엇인가

새벽 1시 반, 전화벨이 울렸다. 수화기 너머의 선배는 건조한 목소리로 말했다. "너 나랑 지방에 좀 가야겠다. 집 앞으로 데리러 갈 테니 얼른 나와." 지방 소도시 초등학교에서 화재가 나 합숙 훈련하던 운동부원 여덟 명이 숨졌다고 했다. 당시 사회부 수습기자였던 나는 비몽사몽간에 옷을 꿰어 입고, 선배와 함께 회사 차를 타고 사건이 발생한 그 도시로 향했다. 도시의 경찰서 앞은 한밤중인데도 방송국 취재진이 켜놓은 조명으로 대낮같이 환했다. "너는 병원에 가봐. 나는 학교를 챙길 테니." 선배의 지시에 따라 병원으로 향했다.

영안실엔 자식 잃은 부모의 통곡이 가득했다. 어머니들은 아이 이름을 부르며 혼절했다. 아버지들은 황망 중에도 대책 위원회를 꾸렸다. '역시 남자들은 냉정하구나. 이 상황에도 이성적으로 행동하다니.' 어린 마음에 생각했지만 이제는 그 아버지들이 차오르는 슬픔을 꾸역꾸역 삼키면서 가까스로 해야 할 일을 했다는 걸 알겠다. 안전이 부재한 운동부 합숙 시설에 대해 분통을 터뜨리는 유족들 이야기를 들은 후에 뭐 더 취재할 것이 없나 하고 병원을 살폈다. 복도를 걸어가며 열린 방문 틈을 기웃거리는데 어느 방 안에서 나이 지긋한 사내가 손짓했다. "아가씨, 뭐 하는 사람이에요?" "저, 기자예요." "기자한 지 얼마나 됐어요?" "3개월이요." "그럼 여기 좀 와봐요."

　사내를 따라 방으로 들어갔다. 벽을 꽉 채운 냉동고……. 시체 안치실이었다. 머뭇대고 있는데 그가 냉동고 문 하나를 열더니 널빤지 같은 걸 하나 꺼냈다. "어때요? 아주 잘생겼죠? 기자 하려면 이런 것도 봐야지." 연기에 잔뜩 그을린 채 눈을 감은 소년이, 간밤의 화재로 질식해 숨진 얼굴이 거기 누워 있었다. 놀랐지만 내색하지 않았다. 애써 태연함을 가장했다. 그땐 기자란 그래야만 하는 줄 알았다. 20년이 지난 이제는 안다. 그 인부가 풋내기 기자를 희롱했다는 사실을. 참혹하게 숨진 아이의 시신을 가족도 아닌 사람에게 멋대로 꺼내 보여주는 행위에 '희롱했다'라는 가벼운 단어를 써도 되는 걸까, 이 글을 쓰면서 나는 멈칫한다. '조롱했다' '비웃었다' '놀렸다'……. 그 어떤 단어로도 그날 일어난 일을 적확하게 담아낼 수는 없으리라. 분명하게도, 그는 죽음을 모독했다.

열린 냉동고 문으로 차가운 김이 뿜어져 나오는 가운데 싸늘하게 얼어붙은 채 누워 있는 시신의 이미지는 기자 생활을 하는 내내 잊히지 않고 나를 지배했다. 홀연히 눈앞에 나타났다가 순간 사라지곤 했다. 무서웠냐고? 트라우마로 남았냐고? 그런 문제가 아니다. 학교가, 교육청이, 정부가, 소 잃고 외양간 고치기식으로 재발 방지 대책을 마련할 때 나는 까맣게 그을린 소년의 얼굴을 떠올렸다. 이런 비극이 일어나지 않도록 조금이나마 힘을 보태는 것이 정의正義라면, 그것이 직업인으로서 나의 의무라고 생각했다.

각양각색의 기자가 있다. 그중 일부는 분명히 부패했다. 구악舊惡. 타락한 기자들을 일컫는 언론계 용어다. 그렇지만 누구에게나 초심은 있다. 그들도 처음부터 망가지지는 않았으리라. 사회정의에 대한 신념 없이, 세상을 바로잡겠다는 결심 없이 기자가 된 사람은 아마도 없을 거라 생각한다. 각양각색의 정의가 있다. 어떤 정의는 좌냐 우냐 하는 이념에 따라 흔들린다. 그렇지만 불변의 정의라는 것도 있다. 어린 생명이 속절없이 꺼져버리지 않도록 하는 일, 같은 것.

　취재를 할 때마다 자문한다. 이 일은 옳은가? 기사를 쓸 때마다 생각한다. 이 글은 공정한가? 나 자신이나 회사의 이익보다 공익을, 옳고 그름을 먼저 생각하는 것을 미덕으로 여기는 직업을 가진 것에 때로 감사하다. 사회생활의 첫발을 언론사에서 뗀 가장 큰 혜택은 선공후사先公後私라는 가치관 아래 좀 더 넓은 시야로 세상을 보는 훈련을 받을 수 있었다는 것이다. 정치라든지, 이념이라든지, 사회라든지 하는 거대한 것들과 상관없는 평범한 20대가 되고 싶다고, 아아, 이런 것들은 너무나 무겁고 버겁다고, 진절머리 난다고 사회 초년생 때는 생각했다. 그렇지만 그 시절의 그러한 고민들이 결국은 나를 단련시켰으리라 믿는다. 정의란 무엇인가. 베스트셀러가 된 마이클 샌델의 책 제목처럼 기자들은 매일 묻고 또 묻는다. 정의란 무엇인가. 과연 무엇이 정의인가.

동료를 잃다

여름용 가방 속 지퍼 주머니엔 항상 검정 덧버선을 챙겨둔
다. 언제 문상 가게 될지 모르기 때문에, 샌들 신고 출근한
날도 당황하지 않고, 조문할 때 맨발을 보이지 않기 위해
준비해두는 직장 여성의 필수템. 그해 들어 처음으로 그
덧버선을 꺼내 신은 날은 투병 중이던 회사 선배가 세상을
떠났다는 소식을 들은 6월의 어느 일요일이었다.

버스는 가판 회의 마친 저녁 6시 반에 편집국 앞에서
출발했다. 회사 동료들과 한차를 타고 회사 동료에게 마지
막 인사를 하러 가는 일요일. 가끔씩, 이런 일을 겪었다. 부
모상도 조부모상도 아닌 본인상 부고가 날아오는 날. 웬만
한 상엔 일하던 차림으로 바로 가는 기자들이 굳이 양복과
검정 넥타이를 갖춰 예를 다하는 날.

코로나 때문에 장례식장 입구에선 이름과 주소, 전화번호를 적게 했고 손 소독까지 모두 마치면 옷에 스마일 스티커를 붙여주었다. 상가에서 스마일 스티커라니 너무나 무신경하다고, 누군가 화를 냈다. 호상이었다면 딱히 신경 쓰지 않았을 것이다.

우리는 길게 줄지어 서서 한꺼번에 조문했다. 영정 사진을 보자 비로소 실감이 나며 눈물이 쏟아지는데, 한 선배가 크게 소리 내어 울기 시작했다. 조문을 마치고 빈소에 둘러앉아 다들 눈물을 훔치다가 아아, 술을 마실 수밖에 없다며 소주병을 땄다. 흘린 눈물만큼 술을 마셔 몸의 수분 농도를 조절하는 밤. 간간이 슬픔을 이기지 못한 조문객이 곡하는 소리가 들리는데, 눈물은 내려가고 숟가락은 올라간다던 이북 속담처럼, 꾸역꾸역 육개장과 편육으로 저녁을 먹고 당직 서러 다시 회사로 돌아왔다.

9시 15분, 밤 회의에 들어갔더니 아까 상가에서 울던 이들이 눈물 자욱 채 가시지 않은 얼굴로 둘러서서 기사의 경중과 제목의 적절함을 논하고 있었다. 아무리 슬퍼도 내일 신문은 나와야 하고, 밤에 윤전기는 돌아가니까. 어렵고 무서운 선배들이지만 무장 해제한 채 우는 얼굴을 보아버렸기 때문인지, 아니면 같은 슬픔을 겪고 있기 때문인지, 평소보다 한층 가깝게 느껴졌다.

오전 10시는 되어야 출근하는 조간신문 기자들이 골린 눈을 비비며 7시 반부터 편집국 앞에 도열해 마지막 인사를 했던 날, 선배의 장례는 편집국장으로 치러졌다. 코로나 때문에 영결식은 하지 못했지만, 화장장으로 가기 전 시신과 영정을 실은 운구차가 그가 25년간 기자로 일했던 편집국 앞길에 들러, 비장한 음악과 추모사가 흘러나오는 가운데 우리는 울면서 20초간 묵념을 하고, 그렇게 그를 보냈다.

20년간 한 회사에 다니다 보면 병으로 혹은 사고로 동료들을 잃게 된다. 누군가 바위처럼 앉아 지키던 자리가 빈다. 간혹 자리 주인과 각별했던 동료가 늦은 밤 편집국에서 불콰한 얼굴로 운다. 선배의 죽음은 그나마 견디기가 낫다. 참을 수 없는 건 후배의 죽음이다. 대기가 눈에 띄게 서늘했던 어느 가을 일요일 아침, 우리는 서울의 한 성당에 다 함께 모여 장례미사를 치른 후 30대 중반 꽃다운 나이에 아장아장 걷는 어린 아들을 두고 눈을 감은 후배를 보냈다.

망자의 관을 들 만한 친지들이 없어, 입사 동기들이 운구 요원이 되었다. "관이 너무 작아." 어느 선배가 신음하듯 뱉은 말이 도화선이 되어, 자그마한 몸을 빠져나간 젊은 영혼을 생각하며 우리는 울음을 터뜨렸다. 좀처럼 감정을 드러내지 않는 남자 후배도, 해외 출장을 갔다 새벽에 귀국해 달려온 선배도 울고 있었다. 관을 실은 버스가 장지로 향하기 전, 우리는 졸업 사진을 찍을 때처럼 성당 계단을 꽉 채운 채, 그러나 졸업 사진과는 달리 온통 검정 옷을 입은 채 마지막 작별 인사를 했다. 버스로 향하던 유족들이 몸을 돌려 두 손을 앞으로 모으고 인사했다. 동료들이 일제히 고개 숙여 답례했다. "자, 이제 그만 가자." 누군가 말했다. 눈물을 훔치며 월요일 자 신문을 만들러 출근했다.

노벨문학상 발표 날

큰 기획 기사 쓸 때를 제외하곤 문화부 기자는 개인 플레이를 한다. 문학이면 문학, 출판이면 출판, 학술이면 학술, 각자 맡은 담당 분야를 독립적으로 취재하고 기사도 혼자 쓴다. 그런 문화부 기자들이 단합해 일할 때가 1년에 딱 한 번 있으니 바로 노벨문학상 발표 날이다. 노벨문학상 발표는 한국 시간으로 목요일 밤 8시. 지방판 신문 강판은 밤 9시 15분. 적어도 9시 전엔 마감하고 지면을 채워야 하니 그야말로 발등에 불이 떨어지는 상황. 문학 담당 기자 혼자서는 감당이 되지 않으니 일을 분담한다. 문학 담당이 스트레이트 기사를 쓰는 동안 누군가는 수상 요인 등 해설 박스 기사를 쓰고, 다른 누군가는 외신을 찾아 번역하고, 또 다른 누군가는 수상자 연표를 만들며, 누군가는 번역서를 낸 국내 출판사 등을 취재한다. 이른바 '집단 지성'의 출현이라고나 할까.

해마다 노벨문학상 시즌이면 조금이라도 관심 있는 이들은 저마다 다른 염원을 품는다. 출판사 관계자들은 자기네가 낸 책의 저자가 받기를 기원할 것이고, 애국심으로 충만한 이들은 한국 작가가 수상하길 기대할 것이며, 문학 애호가들은 좋아하는 작가를 밀고 싶을 것이다. 그렇지만 기자들은…… '마감 맞춤형 수상자'가 받길 바란다.

마감 맞춤형 수상자란 누구인가? 일단 무라카미 하루키처럼 대중적인 작가는 아니다. 그는 문학에 관심이 없는 사람도 한 번쯤은 이름 들어봤을 인물. 이런 작가가 수상하면 대중적 관심이 높을 것이므로 기사 중요도가 커져서 종합 1면부터 시작해 여러 면을 펼쳐 기사를 쓰게 된다. 한마디로 품이 너무 많이 들고 다른 신문보다 더 잘해야 한다는 부담도 생긴다. 2021년 수상자인 압둘라자크 구르나처럼 국내에 잘 알려지지 않은 인물은 어떤가? 당시 한림원이 수상자를 발표할 때 우리 부서에서 그의 이름을 알아들을 수 있는 기자는 아무도 없었다. 외신을 보고 겨우 파악했지만 기사 쓰는 데 난항을 겪었다. 국내 번역서가 없어 자료가 드물었기 때문이다. 당시 나는 재택근무하며 일이 주어지길 기다리고 있었는데 지도부가 전의戰意를 상실

한 듯 아무리 기다려도 연락이 오지 않았다. 다음 날 다시를 보았더니 다들 '아, 모르겠다…… 이 정도만 하자' 하고 포기해버린 기색이 역력했다.

그러니까 마감 맞춤형 수상자란 한국에 번역서는 있고 문학을 좋아하는 사람들이 어느 정도는 알지만, 대중은 잘 모르는 작가. 그래서 종합면 스트레이트 한 줄과 문화면 한 면 정도로 가볍게 마감할 수 있는 작가. 작품 세계에 대한 전문가 기고를 미리 받아놓을 수 있기까지 했다면 금상첨화다. 그렇지만 몇 년째 그런 마감 맞춤형 수상자는 탄생하지 않았다.

2020년 발표 날이 생각난다. 하루키일까, 옌롄커일까, 마거릿 애트우드일까? 발표 10분 전까지 부원들끼리 소위 '만 원 빵' 내기를 했는데 그해도 한림원은 우리의 기대를 저버리지 않았다. 전혀 예상에 없던 이름이라 모두가 못 알아들었다. 루이즈 글릭? 그게 누구야?

해당 작가의 작품 세계와 수상 의미로 신문 한 바닥을 한 시간 만에 만들어야 하는데 작가 이름조차 몰랐던 집단 지성이 무슨 소용이 있을지……. 패닉 상태에서 지푸라기라도 잡고 싶은 심정으로 논문 사이트를 뒤졌다. 루이즈 글릭에 대해 쓴 논문 하나를 발견해내고 급히 저자 연락처를 수배해 전화했다. 작품 세계에 대해 간략한 이야기를 듣고, 그가 번역한 시를 신문에 싣겠다고 요청해 허락받았다. 그렇게 글릭의 대표작 「야생 붓꽃」을 허둥지둥 타이핑해 문학팀에 넘겨줬던 기억이 난다. 정신없는 와중에도 시가 무척 아름답다 생각했다. "고통의 끝에/문이 있었어요.//내 이야기를 들어주세요. 당신이 죽음이라 부르는 것을/기억해요.//머리 위, 소음들, 소나무 가지들이 움직이는 소리들./그 후의 정적, 연약한 햇살이/마른 표면 위에서 깜박였어요."*

2019년은 또 어땠던가. 부원들 거의 모두가 남아 큰일을 앞둔 노동자들답게 삼겹살로 저녁 먹으며 '소폭' 몇 잔을 시원하게 비우고, 하얗게 비워놓은 지면을 보며 심장이 쫄깃해지도록 긴장하면서, "걱정 마. 밥 딜런이 받았을 때도 다음 날 문제없이 신문 나왔어." "자, 우리 다들 만 원 빵이나 할까" 떨리는 마음을 진정시키기 위해 농 섞인 말들을 주고받으며 다시 사무실로 돌아와 발표를 기다리며 대기.

마침내 8시, 한림원 홈페이지를 들여다보던 문학 전문 기자 선배의 당황스러운 한마디, "어…… 폴란드, 폴란드……" 모두의 입에서 일순간 탄식이 쏟아지는가 했는

---

* 　양균원 대진대학교 교수 옮김.

데, 문학 2진인 후배의 여유 있는 한마디, "올가 토카르추크, 제가 인터뷰 했던 작가예요". 모두가 '멘붕'할 뻔하다 안도의 한숨. 네 성실함이 우리 모두를 살렸구나. (한림원이 미투 사건에 얽히면서 2018년에는 노벨문학상 수상자가 선정되지 않았다. 그 탓에 올가 토카르추크는 2018년 수상자로, 페터 한트케는 2019년 수상자로 함께 노벨문학상을 받았다.)

문학 기자들은 바쁘게 기사를 쓰고, 나머지 부원들은 외신을 뒤지며 지원을 하고, 나는 올가 토카르추크 수상 덕에 웃은 출판사는 어디인지에 대한 기사를 쓰게 되었다. 급히 전화를 돌려 취재해 썼지만, 그런 일들이 싫지가 않았다. 성실하고 야무진 후배가 빠르게 놀리는 손끝, 문학 담당도 아니고 그날 당직도 아닌데 군소리 없이 기삿거리를 찾아내 토스해주는 또 다른 후배의 명료한 목소리, 지면 다섯 개가 몰려 정신없는 순간에도 흔들림 없는 부장의 지시, 저마다 제 일을 하는데 그것이 하나가 되어가는 몰두의 순간이, 아름답다 생각했다. 그리고 또 한 가지, 노벨문학상 수상작을 낸 출판사들이 기뻐하는 모습에 아직 유명하지 않은 해외 작가 작품이라도 좋은 작품은 꼭 소개하겠다는 의지와 커다란 계산 없는 꾸준함이 결국에는 빛을 보는구나, 당장 눈앞의 성과에 일희일비할 필요 없구나,

뭐 그런 생각들이 들어 흐뭇해졌다.

2022년에는…… 언제나 그렇듯 마감 맞춤형 수상자가 받길 바랄 뿐이었다. 제발 그러길 빌면서, 영국 도박 사이트 나이서오즈Nicer Odds의 노벨문학상 배당률 코너를 들여다보는데 앤 카슨의 순위가 계속 올라가고 있었다. 앤 카슨이면 어떡하지, 전문가 기고 안 받아놨는데…… 불안해하며 동료들과 저녁을 먹고 와서 한림원 유튜브에 접속. 두구두구두구…… 마침내 8시가 되었다. 작년 압둘라자크 구르나, 이긔 누긔야? 못 알아들음. 재작년 루이즈 글릭, 이긔 누긔야? 못 알아들음. 재재작년 올가 토카르추크, 역시나 이긔 누긔야? 못 알아들음. 올해도 이긔 누긔야? 4연패를 달성할 것인가 두근댔지만, 스웨덴어를 하나도 모르는 내 귀에도 똑똑히 들렸다. 프랑스 작가, 아니 에르노. 우와! 살았다! 드디어 마감 맞춤형 수상자의 탄생이다! 국내 번역서 많음=정보 많음, 기고문 받아놓음=지면 채울 수 있음, 대중 인지도 낮음=기사 안 커짐. 그리하여 문학 담당과 당직자가 기사를 쓰는 가운데 난 할 일이 없겠구나,라고 생각했지만 고난은 그때부터 시작이었다.

그 주 화요일 북스 지면 회의 때 부장은 목요일에 노벨문학상 발표가 있으니 유명한 사람이 받으면 토요일 자 북스에 노벨문학상 특집을 해야 하지 않겠냐고 했다. "네?

목요일 밤에 발표 나는데, 금요일 마감 날에 특집을 하라고요?" 부장은 "나 때는 했어. 발표 나고 밤에 여기저기 전화 돌려 취재하면 되지"라고 했다. 저, 저기요, 잠시만요? "그때 제가 팀원이었는데 그 주 아니고 그다음 주에 했거든요!" 팩트를 들이밀며 항변해보았으나 그분은 흔들림없이 "바로 그 주에 하는 게 가장 좋아"라고 했다. 협상 결렬. "아니 근데 유명하지 않은 사람이 되면 특집 안 하고 평소처럼 해야 하는데 거기 대비해 리뷰할 책도 미리 읽어야 하는 거잖아요?" 그게 뭐 어려운 일이냐는 듯 "응, 일단 읽고 있어" 하더니 부장은 휘적휘적 가버렸다.

그러니까 보자. 그 주 나의 스케줄은 월요일 개천절 당직 야근, 수요일 또 당직 야근, 목요일 노벨문학상 야근, 금요일 북스 마감…… 안 그래도 죽음의 한 주인데 확정되지 않은 북스 지면을 위해 일단 리뷰할 책을 읽고 있다가 목요일 밤에 발표가 나면 그동안 책 읽은 걸 몽땅 없던 일로 하고 처음으로 되돌아가서 금요일 오후 4시까지 마감하라는…… 하…….

나의 복지를 위해서는 절대 유명한 사람이 수상자가 되면 안 되었다. 하루키는 물론이고 이슬람 모독 논란으로 피습된 사건 때문에 사람들이 기억하는 살만 루슈디, 또 누구 있더라? 하여튼 안 돼, 안 돼. 그래서 아니 에르노가 수상자로 선정되었을 때 나는 기뻤으나 이내 고민에 빠졌다. 하루키처럼 대중적인 작가는 아니지만 국내에 번역본도 많고, 특집을 해야 하나 말아야 하나, 애매하네…….

밤 9시 45분. 편집회의에 다녀온 부장이 부른다. 어째 불길하다. 뭘 시키려고? "내일 북스는 『단순한 열정』 리뷰하지. 에르노 대표작이잖아." 나 그 책 안 읽었는데…… 지금 이 시간에 새로운 책을 읽고…… 내일 리뷰를 하라굽쇼? 망연자실한 표정을 하고 있자 부장은 "책 되게 얇아. 금세 읽어" 했다. (그럼 이미 읽은 부장이 리뷰하면 안 되나요?라고 말하고 싶었지만 그는 부장이고 나는 일개 부원이므로 참기로 했다.) 그날 지면 마감이 끝나니 밤 11시 반. 그때부터 책을 읽기 시작했다. 과연 얇았고, 음…… 야해서 책장이 쑥쑥 넘어간다. 그건 고마운데 주말 아침 드라마 같은 이 이야기로 리뷰를 어떻게 하지?

『단순한 열정』은 동구권 외교관이자 연하인 유부남과의 불륜에 대한 48세 프랑스 여성 소설가의 회고다. 일인칭주인공시점인 이 소설은 잘 알려진 것처럼 아니 에르노 자신의 이야기다. 『단순한 열정』 출간 10년 후인 2001년 에르노는 1988년 9월부터 1990년 4월까지 쓴 일기를 모은 『탐닉』을 발표하는데, 이것 역시 파리 주재 소련대사관 직원이었던 열세 살 연하 남성과 나눈 밀회의 기록이다.

페미니즘 리부트 이래 국내에 아니 에르노 작품이 많이 번역돼 나오며 인기를 끌고 있었지만 나는 이런 장르를 좋아하지 않는다. 문학이란 자유를 먹고 자라는 것이니 허구의 세계에서 불륜이라는 주제를 다루는 건 상관없지만 자신이 주인공인 이야기를 소설로 슬쩍 포장해 예술입네 만천하에 공개하는 건 비겁하다고 생각한다. 불륜 상대인 남자야 그렇다 쳐도 그의 아내는 어떻게 하나? 상대 배우자의 영혼을 송두리째 파괴해놓고 그 이야길 글로 써서 전 세계에 떠들다니! 정말 마음에 안 든다고 생각했지만, 신문 리뷰에 그렇게 쓸 순 없었다. 문학적인 뭔가를 찾아야 하는데…… 일단 기사에 물릴 영화 〈단순한 열정〉 스틸컷부터 찾아 회사 시스템에 띄워놓고 괴로워하며 퇴근했다.

다음 날 출근길, 머릿속엔 온통 아니 에르노밖에 없었다. 아니Annie 에르노 아니know? 아니no, 몰라. 이런 문답이 계속 맴도는 가운데 엉뚱하게도 미국 모 백화점에서 '핫딜가'로 구매해 뉴저지 배송 대행지에 있는 에르노Herno 다운 패딩 베스트 생각이 계속 났다. 아니 에르노의 '에르노'는 'Ernaux'지만…….

오후 2시 반. 마침내 결전의 시간이 왔다. 마감 시간은 4시, 더 이상 미룰 수 없었다. 마음을 비우고 쓰기 시작했다. 막장 드라마에도 미학이 있으니까. "육욕에 휘둘리는 중년 여자의 감정적 배설 정도로 전락할 수도 있었던 소설은 그러나 화자가 작가로서의 자의식을 강하게 드러내며 리비도를 예술혼과 동등한 자리에 놓음으로써 문학으로서의 지위를 획득한다. 전희前戲는 집필의 디테일로, 절정은 탈고脫稿로 전이된다" 따위의 문장이 술술 나온다. 대체 마감은 무엇이고, 기자란 무엇인가.

2022년 우리 부서 모든 사람에게 마감 맞춤형 수상자였지만 오직 단 한 사람, 내게는 아니었던 아니 에르노. 기진맥진해 뻗은 채 주말을 보내고 출근했더니 부장은 해맑은 얼굴로 "(내) 덕분에 (네가) 노벨문학상의 허들을 또 하나 넘었잖아?"라고 했다.

드레스 코드

"니 옷이 그게 뭐고?"

친구들이 어이없어하며 물었다(내겐 경상도 출신 친구들이 많다). 입사한 지 몇 개월 안 되었을 때의 일이다. 경찰서에서 먹고 자며 고된 수습기자 생활을 하다가 잠시 짬을 내 친구들을 만나러 간 상황. 기자라 하면 '바바리', 즉 트렌치코트 자락을 휘날리며 굵직한 사건을 취재할 줄 알았는데 대학교 때도 안 입던 무릎 기운 청바지에 모자 달린 두툼한 '잠바' 차림으로 나타났으니 그럴 수밖에. "이게 편하다. 나만 이렇게 입는 거 아니다. 다 이리 입고 다닌다"라고 했지만 아무도 안 믿는 눈치였다. 설마, 쟤만 저렇게 입고 다니겠지…….

신입 사원이 된 스물다섯 살의 내게 엄마는 바지 정

장 세 벌을 사 줬다. 모직 겨울 정장 두 벌에 춘추복 한 벌. 같이 입으라고 실크 셔츠도 두 벌 사 주고 가죽 벨트도 사 줬다. 엄마 머릿속에도 내 머릿속에도 기자란 날렵한 바지 정장을 차려입은 커리어 우먼이었다. 그 정장들, 지난 20년간 다섯 번도 안 입었다. 차마 다 처분할 수는 없어서 그나마 입을 거 같은 검은색 한 벌만 남겨두고 두 벌은 당근마켓에 팔아버렸다. 몇 번 매지도 않은 가죽 벨트는 앞면과 뒷면 사이 접착제가 삭아서 못 쓰게 됐길래 버렸다.

그럼 뭘 입고 다니냐고? 입고 싶은 대로 입는다. 기자는 누굴 만나느냐에 따라 옷차림이 달라진다. 정치인 상대하는 정치부 기자와 기업인 상대하는 산업부나 경제부 기자들은 보통 정장을 입지만 사회부 기자와 문화부 기자에겐 드레스 코드가 없다. 경찰서에 출입할 땐 형사들도 사복 차림이니 기자들도 기동성 있는 편한 옷차림. 문화부에서 만나는 문화계 인사들도 딱딱한 정장을 입고 나오는 경우는 드무니 기자들도 자유롭게 입는다. 청바지에 티셔츠 차림으로 출근할 때도 많고 남자인 부장도 캐주얼 차림으로 나온다. 일반 기업에 다니거나 공무원인 친구들은 아무래도 이런 옷차림이 신기한 모양이다. "회사에 그렇게 입고 다니는 거야?"라는 말을 종종 들었다.

회사 선배의 부친상에 조문하러 갔을 때다. 나중에 선

배가 와줘서 고맙다고 밥을 사면서 이런 얘길 했다. "우리 조카들이 죠문꼐들 낯이하며 직업 맞히기 게임을 했는데 누가 기자인지는 딱딱 알아맞혔다지 뭐야. 다른 사람들은 직장 드레스 코드 따라 옷을 입는데, 기자들은 자기 입고 싶은 대로 입는다고." 그렇다고 해서 마냥 제멋대로 입는 건 아니다. 여름에 반바지는 무릎 아래 길이라도 회사에 입고 가기 꺼려진다. 등 파인 원피스 차림으로 출근하는 여자 선배도 있긴 했지만, 나는 그렇게까지는 과감하게 못 입겠다.

유니폼을 입지 않는 직장 여성이 아무래도 남성보다 옷차림에 선택지가 많기 때문일까. 20년 전 갓 입사했을 때 나와 여자 동기들의 옷차림은 심심하면 입방아에 올랐다. 국수에 고명 올리듯 여기자를 한두 명씩만 뽑다가 처음으로 남녀 반반을 뽑았던 때라 다양한 여성의 등장이 선배들도 낯설었던 것 같다. 스카프를 두르고 오면 "야! 너는 참 멋을 부리는구나" 탄성인지 야유인지 모를 말이 날아왔다. 여름에 민소매 옷을 입었다고 지적하는 선배도 있었다. 사진부에 있던 여자 동기가 국회에 취재하러 가는데 치마 바지 형태의 반바지를 입었다는 이유로 "어떻게 국회에 가면서 반바지를 입을 수 있냐"며 거의 회사가 뒤집어지다시피 혼난 적도 있었고, 주말에 팀 전체가 등산을 갔는데 당시 유행하던 엉덩이에 'PINK' 써진 트레이닝복 바지를 입었다는 이유로 민망하다며 야단맞은 동기도 있었다. 부지런해야 꾸밀 수 있다는 걸 남자들은 모른다. 항상 풀메이크업에 손톱 손질을 잊지 않던 동기는 "일할 시간에 화장이나 한다"는 말을 들었다. 어디 그뿐인가. 펌을 하고 왔다가 머리 풀라는 말을 들은 친구도 있었다. 무릇 초년병 기자란 꾀죄죄한 몰골로 다녀야지 '아, 일 좀 하는구나'라는 이야기를 듣던 때였다. 나로 말할 것 같으면 2년 차인가, 청바지에 코듀로이 셔츠를 입고 갔다가 선배로부터 "너 그렇게 입고 다니지 마. 기자 아니고 서무 직원 같아"라는 말을 들은 적도 있는데……. 글쎄, 그럼 기자 같은 옷차림은 뭘까? 트렌치코트? 방송 기자들이 자주 입고 나오니 기자의 트레이드마크쯤으로 여겨지는 것 같지만, 신문 기자의 아이템은 아니다.

프랑스 화장품 회사에서 신상품을 론칭해 해외 출장을 간 적이 있다. 기자 열 명이 갔는데 나만 신문기자이고 나머지는 다 패션지 기자였다. 신문과 패션지는 취재 문법도, 기사 문법도, 옷 입는 법도 다르다. 함께 움직이는데 다들 나를 불편해하는 기색이 역력했다. 왜 그러지? 싶었는데 공항에서 숙소로 향하는 차 안에서 그중 한 명이 내 옆에 앉더니 말했다. "나중에 그룹 인터뷰할 때요. 이번 행사는 신상품을 론칭했기 때문에 마련됐다는 사실을 잊어버리시면 안 돼요. 질문을 신상품의 특징에 맞춰서 하셔야 해요." 왜 이런 말을 하는 걸까? 궁금했는데 그가 말을 이었다. "예전에 A신문 기자랑 ○○화장품 출장을 같이 간 적이 있었는데 브랜드 로고의 뜻 같은 걸 물어보시더라고요. 그건 이미 너무 알려진 거라서요. 그런 질문은 안 하셨으면 좋겠어요." 요약하건대 그룹 인터뷰에서 자신들은 다 아는 불필요한 질문을 해서 시간을 빼앗지 말라는 거였다. 사실 나 역시 브랜드 로고의 뜻이 궁금하던 터였지만 그런가 보다, 하고 고개를 끄덕였다. 그는 또 말했다. "오늘 갈라 디너 때 뭐 입으실 거예요? 옷 갖고 오셨죠?" 다행히 예전 유럽 출장 때 저녁 식사 자리에 성장盛裝해야 하는 줄 몰라 당황했던 경험이 있어서 드레시한 원피스를 챙겨 갔다. 원피스를 입을 거라 하니 그가 또 말했다. "예전에 파리에서 ◇◇브랜드 행사가 있었는데요. 거기 취재하러 온 B신문 여기자가 디너 자리에 '김밥 패딩'을 입고 와서 정말 당황했지 뭐예요. 원래 패션 담당 기자가 아니고 정치부 기자인가 사회부 기자라고 했어요."

그들이야 이해할 수 없는 상황이었겠지만 나는 충분히 이해가 갔다. 신문은 패션지에서 다루는 값비싼 명품 관련 기사를 잘 쓰지 않는다. 계층 간 위화감을 조성할 수 있기 때문이다. 소위 '김영란법' 시행 전 명품 브랜드에서 초청하는 출장이 많았던 때, 우리 신문의 경우에는 담당 기자가 가기보다는 출장 기회가 없는 다른 부서 기자들을 바람이나 쐬고 오라며 보내주곤 했다. 그날의 나 역시 담당 기자여서가 아니라 붙박이로 회사 책상에 앉아 있어야만 하는 부서에 있던 터라 패션 담당하던 입사 동기가 주선을 하고, 회사에서 배려 차원으로 허락해 간 거였다. 한 번도 패션이나 뷰티 출장을 가본 적 없는 정치부·사회부 기자가 '갈라 디너'가 뭔지 어떻게 알 것이며, 서구식 디너에서 어떤 옷을 입어야 하는지 어떻게 알겠는가. 그건 그 기자의 잘못이라기보다 그걸 미리 알려주지 않은 브랜드 측 실수라 생각했지만, 굳이 변명할 필요는 없을 것 같아서 가만히 있었다.

갈라 디너는 화려했다. 나름 신경 써 챙겨 간 옷을 입고 저녁 자리에 갔는데 클러치백을 들지 않은 사람이 나밖에 없다는 걸 깨달았다. 없는데 어쩔 것인가. 겨우 출장 한 번 온다고 클러치백을 살 순 없잖아? 생각하면서 원숭이 장식이 달랑거리는 키플링 숄더백을 자신감 있게 메고 있었던 나. 다들 한마디씩 쑥덕댔으려나? 그래도 김밥 패딩보다는 낫지 않을까?

문제는 디너가 아니라 출장에서 돌아온 후였다. 기사

를 써야 하는데 신문에서 광고처럼 신제품 효능을 설명할
순 없었다. 어떻게든 독자에게 유용한 정보를 줘야만 했
다. 당시 『대한민국 화장품의 비밀』이라는 책이 유행이었
다. 화장품 회사 연구원들이 쓴 책인데, 요약하자면 '스킨
⇒ 로션⇒ 에센스⇒ 영양 크림'이라는 한국 여성들 사이에 보
편적으로 알려져 있는 4단계 화장법은 화장품 회사의 상
술일 뿐, 피부에 나쁘다는 내용이다. 출장지에서 그 브랜
드의 연구소장 인터뷰를 했는데, 이 책 내용이 맞는지 물
어보면 재미있겠다고 생각해서 "한국에서 이런 내용의 책
이 유행인데 일리 있는 이야기냐"고 물었다. 화학자인 연
구소장은 고개를 끄덕이며 "그렇게 많이 바르면 피부가 무
거워서 숨을 못 쉰다. 우리가 이번에 내놓은 신제품 딱 한
가지만 바르면 된다"고 했다. 그래서 그의 말대로 딱 한 가
지만 바르면 된다고 기사를 썼다. 데스크 반응도 좋았고
문제없이 기사가 나갔다. 그걸로 끝난 줄 알았는데, 다음
날 그 브랜드 한국 지사 관계자가 혼비백산하여 전화를 걸
어왔다. 알고 봤더니 그 브랜드가 한국에서는 스킨, 로션,
에센스, 영양 크림을 묶어서 판매하고 있었던 것이다…….
"한 가지만 바르면 된다면서 왜 지금까지 묶어 팔았냐"는
항의 전화가 빗발쳤고, 심지어 어떤 소비자는 남편이 "그
러니까 내가 작작 처바르라고 하지 않았냐"며 신문을 집

어 던지는 일도 겪었다고 했다. 아…… 내가 결국 한 건 했구나. 그 브랜드에 미안해서 고개를 들 수가 없었다. 나는 아마도 '갈라 디너에 키플링 숄더백을 들고 간 걸로도 모자라 브랜드를 욕먹이는 기사를 쓴 C일보 기자'로 패션 기자들 사이에 두고두고 회자되었을 것 같다…….

정치적 올바름에 대하여

〈섹스 앤 더 시티〉의 열혈 팬이었다. 서른여덟 살에 해외 연수를 갈 때 큰 망설임 없이 뉴욕을 택한 이유는 뉴욕을 잘 안다거나, 뉴욕을 동경해서가 아니라 순전히 〈섹스 앤 더 시티〉의 배경이기 때문이었다. 캐리와 샬럿, 미란다와 사만다가 웃고 울며 인생의 여러 챕터를 열고 닫은 도시. 그 도시에 살고 싶었다.

이 드라마가 한창 인기를 끌던 1990년대 말부터 2000년대 초에 나는 20대였다. 가히 혁명적인 드라마였다. 당시엔 결혼하지 않은 30대 여성이 네 명이나 주인공으로 나온다는 것도 획기적이었고, 주인공들에게 커밍아웃한 게이 친구가 있다는 사실도 놀라웠다. 무엇보다 이야기의 중심인물인 캐리의 직업이 섹스 칼럼니스트이고 여성이 성性과 육체의 욕망에 대해 거리낌 없이 이야기한다는 것 자체가 혁신적이었다. 넷 중 가장 보수적인 샬럿마저 성에 대해 개방적이라는 사실이 당시의 내겐 큰 충격이었다. 이 드라마 덕에 비로소 나는 '섹스'라는 단어를 일상어로 내뱉을 수 있게 되었다.

전 세계 여성들에게 사랑받으며 2004년 시즌 6을 끝으로 종영된 〈섹스 앤 더 시티〉는 후속편 〈앤 저스트 라이크 댓And Just Like That〉으로 돌아왔다. 2021년 미국에서 처음 공개되었으니 근 20년 만이다. 내 또래의 오랜 팬들은 격하게 반겼지만 한편으로는 실망하는 기색도 컸다. 멤버들과의 불화로 사만다(킴 캐트럴)가 출연하지 않았다는 것도 큰 이유였지만 지나치게 'PCpolitical correctness', 즉 '정치적 올바름'을 강조했기 때문이다. 사만다의 빈자리를 의도적으로 유색인 친구로 채워 넣으려 한 시도가 어색했다는 평도 있었고, 미란다가 갑자기 레즈비언으로서의 성정체성을 깨닫고 남편 스티브를 버린 뒤 새로운 인생을 시작한다는 설정에도 불편해하는 이들이 많았다. 미투 운동 이후 문화·예술계에 불고 있는 페미니즘 열풍이 지나친 영향을 미쳐 드라마가 재미없어졌다는 이야기도 꽤나 들렸다. 흥미로운 현상이었다. 20년 전 여성해방의 상징이었던 드라마가 20년 후의 눈으로 보니 '정치적으로 올바르지 못한'

구석이 많아 자기 검열에 나서고 있으니.

모든 창작자가 비슷하게 느끼겠지만 글 쓰는 사람에게도 때때로, 어쩌면 자주, 정치적 올바름이 표현의 자유를 옭아매는 족쇄처럼 느껴진다. 솔직히 말하자면, 정치적 올바름을 지나치게 신경 쓰다 보면 글이 재미없어진다. 한때는 창작이라는 것이 자유를 먹고 자라는데, 이른바 PC를 지키는 과정에서 자유가 억압되었기 때문이라 생각했다. '정치적으로 올바르지 않음'이 콘텐츠의 양념 같은 것인데 그걸 억지로 빼고 요리하려다 보니 감칠맛이 사라졌기 때문인가? 의문한 적도 있었다. 그렇지만 요즘은 생각한다. 정치적 올바름에 목맨 글이 재미없는 이유는 독자의 눈치를 보기 때문이라고. 비난받지 않을까 하는 두려움이 다채롭게 뻗어나가는 사유를 주저하게 하며, 정의롭다 칭찬받고 싶은 욕심이 쓰는 이의 어깨에 힘이 들어가게 한다고. 이해 못 할 일은 아니다. 소셜 미디어의 발달로 모두가 서로를 감시하는 사회가 오면서, 역설적으로 소셜 미디어에서조차 자기 의견을 뚜렷하게 개진하는 것이 어려워졌다. 그렇지만 상대가 누구이건 간에 아부하는 글은 지루하다. 독자를 염두에 두는 것과 과도하게 의식하는 건 다르다. 후자는 글을 망가뜨린다.

어떻게 하면 정치적 올바름과 재미 사이의 균형을 유

지하는 글쓰기를 할 수 있을까를 고민하다가 최근 이런 글을 읽었다.

> 대한민국의 평범한 남성 중 하나이기도 한 판사 입장에서 보자면, 성인지 감수성은 운전할 때 잊을 만하면 깜박이는 사각지대 경고등과 같다. 사안의 결론에 대해 힘들게 고심한 끝에 방향을 정하고 액셀러레이터를 힘차게 밟으려 하면, 어디선가 깜박깜박 불이 들어온다. 보이지 않는 사각지대가 있을 수 있다고. 그러면 내가 혹시 남성 중심의 편견에 은연중에 익숙해진 나머지, 보지 못하고 놓치고 만 부분은 없는지 찬찬히 생각해본다. 기어를 감속 모드에 놓고 이리저리 곁눈질해가며 사각지대가 없는지 살펴본다.*

변호사 송민경은 16년간의 판사 생활을 돌아보며 쓴 책 『법관의 일』에서 판결을 앞두고 자신의 성인지 감수성을 검열하는 남성 판사의 속내를 기탄없이 털어놓는다(이름에 대한 추측과 달리 그는 남자다). 그는 고백한다. "대한민

---

* 　송민경, 『법관의 일』, 문학동네, 2022, 147~148쪽.

국의 평균 남성의 입장에서 보자면, 성인지 감수성을 갖출 것을 요청하는 목소리기 긴혹 부담스럽고 불편하게 다가오기도 한다. 뭐랄까, 당신 개념 없으니 좀 탑재하고 살라는 말처럼 들린다고 할까." 그렇지만 남성인 동시에 판사이기에 "태생적으로 결여했을지 모를, 어딘가 두고 왔을지 모를 나의 개념들의 소재에 대해 열심히 성찰하는 수밖에" 없다면서 이렇게 쓴다.*

> 무엇보다 중요한 건 성인지 감수성이 가부장제 이념의 반대 형태일 뿐인 또 다른 '이즘ism'이나 이데올로기 같은 것이 되어서는 안 되고, 법관으로선 그가 마주하는 사건의 구체성과 개별성에 대한 감각을 잃어서는 안 된다는 것이다.**

이 글을 읽으면서 크게 고개를 끄덕였는데, 기자의 글쓰기 또한 법관의 글쓰기와 일맥상통하는 부분이 있기 때문이다. 판결문을 쓸 때의 판사처럼 기자도 기사를 쓸 때 제 안의 균형 감각을 점검한다. 아무리 보수적인 언론이라도 여

*   같은 책, 148쪽.
**   같은 책, 147쪽.

성, 장애인, 빈곤층, 노인 같은 사회적약자의 입장을 배려하지 않을 수 없다. 실제로 신문을 만들면서 최후까지 고민하는 부분은 '기계적 균형'이다. 이 기사로 인해 선의의 피해자가 생기지는 않을까? 이 단어, 이 표현 하나가 약자의 마음에 상처를 주지는 않을까? 이러한 감각은 법관의 것과 마찬가지로 절대적이거나 맹종할 수 있는 것이 아니다. 사건의 '구체성'과 '개별성'에 따라 유연해진다. 기자도 사람이니 실수야 있겠지만 균형을 맞추기 위해 노력하는 마음만은 각 언론사의 정치색에 따라 결은 다를지언정 그 바탕은 닮아 있을 것이다.

혹자는 이를 위선이라며 비웃을지도 모르겠지만 기계적 균형에 그칠지라도 그를 고민할 수밖에 없다는 것이 이 직업의 아름다움이라 생각한다. 억지로라도 미소를 지으면 정말로 즐거운 마음이 드는 것처럼 직업적 의무감에서라도 균형을 의식하면 정말로 치우치지 않은 사고를 하게 될지도 모르니까. 널리 알려진 이 말, "나는 당신의 말에 동의하지 않는다. 그렇지만 당신이 그 말을 할 권리를 위해 목숨 바쳐 싸우겠다"가 곧 기자의 글쓰기에 부합되는 자세라고나 할까. 이는 "어떤 여성이 페미니스트가 되고 싶지 않다면 그 역시 그녀의 권리이기에 존중한다. 하지만 그녀의 권리를 위해 싸우는 것 또한 나의 의무이며,

나라면 하지 않을 법한 선택을 하는 여성들도 지지하는 것이 페미니즘의 근본 원칙이라고 믿는다"고 한 작가 록산 게이의 태도와도 맞닿는다.*

기사란 회사의 상품이므로 정치적으로 올바른 태세를 취하기가 차라리 쉽다. 작업대 앞 숙련공이 제품에 영혼까지 갈아 넣을 일은 많지 않으니까. 다른 글쓰기, 좀 더 창작자로서의 자아가 많이 반영된 글쓰기는 훨씬 어렵다. 세상의 모든 걸 다 써버리고 싶다는 파우스트적 욕망과 윤리적 금기 사이에서 나는 방황한다. 어쩌면 문학의 영역에 속할지도 모를 이 글쓰기에서 넘어야 할 선線과 넘지 말아야 할 선의 문제에 골몰할 때면 늘 토마스 만의 소설 「토니오 크뢰거」가 생각난다. 글 쓰는 이로서 스스로를 온당한 일상에 대한 사랑과 동경, 천형天刑과도 같은 위험한 예술가 기질 사이에 선 '경계인'이라 여기는 토니오 크뢰거는 "어떤 종류의 인간한테는 올바른 길이란 원래부터 존재하지도 않기 때문에, 그들이 길을 잃고 헤매는 것은 필연"이라 생각한다.** 예술가에 대한 사유로 가득한 이 소설에서 토니오는 말한다.

* 록산 게이, 『나쁜 페미니스트』, 노지양 옮김, 문학동네, 2022, 10쪽.
** 토마스 만, 「토니오 크뢰거」, 『토니오 크뢰거·트리스탄·베니스에서의 죽음』, 안삼환 외 옮김, 민음사, 1998, 99쪽.

그럼에도 불구하고 춤을 춘다. 제정신을 잃지 않은 채 예술이란 어렵고 힘든, 위험한 칼춤을 민첩하게 추어내야 한다. 그러면서도, 사랑하는데 춤을 추지 않으면 안 된다는 굴욕적인 모순을 한 순간도 완전히 잊을 수가 없는 것이다.*

연인 리자베타에게 보낸 편지에는 이렇게 적었다.

나는 두 세계 사이에 서 있습니다. 그래서 어느 세계에도 안주할 수 없습니다. 그 결과 약간 견디기가 어렵지요. 당신들 예술가들은 저를 시민이라 부르고, 또 시민들은 나를 체포하고 싶은 충동을 느끼게 됩니다. 이 둘 중 어느 쪽이 더 나의 마음에 쓰라린 모욕감을 주는지 모르겠습니다.**

'쓰는 이'로서 창작의 자유와 현실의 의무 간 갈등을 이야기하는 이 구절을 나는 항상 아꼈다. 나 역시, 비록 예술가는 아니지만, 두 세계 사이에 발을 걸친 채 헤매는 기분이

---

*   같은 책, 102쪽.
**   같은 책, 106~107쪽.

종종 들기 때문이다. '길 잃은 시민.' 리자베타가 토니오를
일컬은 이 말이 모든 글 쓰는 이에게 부씌뷘 숙명이라 생
각한다.

20년을 버틴 이유

"20년 근속의 비결은 구내식당!"이라고 말하곤 K가 웃었다. 어느 봄날, 택시 안에서. 나는 강남 모처에서 그를 인터뷰하고 광화문 사무실로 돌아가던 길이었고, 그도 마침 강북에서 다른 일정이 있다고 해서 함께 차를 탔다. 프리랜서 북튜버인 그와 이런저런 이야기를 하다가 회사원의 장점에 대해 말했다. 월급쟁이 생활이 피곤하기도 하지만 구내식당이 있어 괜찮다고, 요리하는 걸 내켜하지 않기에 코로나가 한창일 때 재택근무하면서 가장 아쉬운 게 구내식당이었다고 했더니 그는 아주 재미있어 했다. 그러게, 구내식당 덕에 20년이나 버텼나 보네, 생각하면서 나도 따라 웃었다.

　"올해로 20년 차예요"라고 말하면, 많은 사람이 놀란다. 동안이라 도무지 20년 차로는 안 보이나 보다, 라고 생각하고 싶지만 아무래도 그건 아닌 것 같고, 20년 차 회사원이 지닐 법한 '포스force'라든가 '오라aura'라든가 하는 무게감이 없어서인 듯……. 사람들은 이어 묻는다. "한 회사를 20년 다닌 건가요?" "그, 그렇죠. 어쩌다 보니 그렇게 되어버렸답니다." 그러면 으레 돌아오는 말. "우와, 기자 일을 정말 좋아하시나 봐요!" 아니거든요! 설마요…….

　직장 생활을 시작한 이래 오랫동안 열등생이었다. 일을 잘하지도 못했고, 재미도 없었다. 적응력이 떨어지는 편이라 무엇이 기사가 되는지 파악하는 데 다른 사람들보다 오래 걸렸다. 야단맞는 게 일상이었다. 무엇보다도 일의 속성 자체가 괴로웠다. 계획 짜는 거 좋아하고, 융통성도 없고, 불안도가 높은 성격인데 당장 내일 내가 뭘 할지 알 수 없는 생활이 이어지는 게 고통스러웠다. 임기응변에 무척 스트레스를 받는데 기자 일이란, 특히나 초년병 시절에 사회부 기자 일이란 매일 임기응변이었다. 입사 동기들이 일을 재미있어하며 즐겁게 회사 생활을 하는 걸 볼 때마다 열패감이 들었다. 그만두고 싶었다.

　집이 서울이었거나 부모님이 응석을 받아주는 스타일이었다면 당장 그만뒀을 것이다. 나는 둘 다 해당되지 않았다. 회사를 그만두더라도 다시 취업 준비를 하려면 어쨌든 서울에 있어야 하는데 생활비에 집세까지 감당할 여력이 안 됐다. 게다가 우리 부모님은 스파르타식이었다. 신입 사원인 자식이 힘들어한다고 해서 "아이구, 내 새끼 힘들어쩌? 당장 그만두고 집에 내려와. 일은 다시 찾아보면 되지" 하는 부류가 아니었다. 그보다 힘들다고 이 직장을 그만두면 다른 직장에 들어가서도 적응 못 하고 다시 그만두게 될까 봐 염려했다.

커다란 손이 심장을 쥐고 짓찧고 있는 것 같은 고통에 시달리다가, 제 발로 정신과를 찾아갔다. 입사 2년 차 때였다. 당시 인터넷뉴스부에서 온라인 기사를 쓰면서 열린우리당을 출입했는데, 정치판 일을 다루는 것이 도무지 적성에 맞지 않았다. 따스한 봄기운이 온 천지를 휘두르고, 국회 뒷동산에 온갖 꽃이 앞다투어 피는데 그 생동감 넘치는 풍경과 시들어만 가는 내 마음이 비교되어 국회 기자실에 앉아 김윤아의 〈봄이 오면〉을 들으면서 훌쩍이던 스물여섯 살의 내 모습이 생생하다. 지금은 태어나서 가장 잘한 일 중 하나라고 생각하지만 그때는 '내가 정신과 신세를 지다니' 비참했다. 열린우리당사가 위치했던 영등포 청과 시장 근처를 걷다가 간판만 보고 무작정 들어간 병원에서 의사는 MMPI 미네소타 다면적 인성 검사를 비롯해 이런저런 테스트를 해보더니 "현재 상황으로 인해 가벼운 우울증이 온 것 같다. 상황이 바뀌면 나아질 것이니 일의 속성을 바꿔보는 것이 어떻겠냐"고 조언했다. 내 증상이 우울증이라기보다 불안장애에 가깝다는 걸 지금은 알고 있지만 당시엔 불안장애라는 개념이 일반적이지 않았다.

기나긴 방황의 시작이었다. 적어도 다음 날 뭐 할지는 예측 가능한 일을 하는 것이 좋겠다는 의사의 말대로 일단 환경을 바꿔야 할 것 같아서 다음 인사 때 취재 부서가 아닌 편집부에 지원했다. 1년 반가량 편집부 생활을 하다가 휴직을 하고 대학원에 진학했다. 처음엔 공부를 계속할 생각이었지만 코스워크만 마치고 1년 후에 복직했다. 회사를 벗어나 학교로 돌아가면 파라다이스가 펼쳐질 줄 알았는데, 어디에서도 삶은 녹록지 않았다. 수원 취재 본부로 파견을 갔고, 서울로 돌아와서는 '사람들팀'이라 불리는 인사·동정팀에 2년을 있었다. 문화부 기자가 되고 싶어서 신문사에 들어갔는데 문화부 입성이 쉽지 않았다.

회사 구석에 위치한 사람들팀 책상 앞에 오도카니 앉아 있던 서른 살 무렵의 내가 생각난다. 빛나지 않는 잡다한 일이 많은 부서라 모두 꺼리는 한직閑職이었다. 입사 초반부터 재능을 인정받아 소위 '잘나가는 부서'에 있는 동기들이 부럽기도 했고, 남들은 나를 측은하게 생각하기도 했던 것 같지만, 나는 정작 내 상황이 그렇게 싫지는 않았다. 일이 규칙적이었고, 퇴근 후와 주말에도 여유가 있었다. 나는 직장에서 인정받는 것보다는 내 시간이 있는 게 더 중요한 사람이었다. 입사 전에는 막연하게 치열하게 살고 싶다고 생각했지만 막상 나는 치열한 삶에 맞는 사람이 아니었던 것이다.

기자 일을 직업으로 택한 여러 이유 중 하나는 글 쓰는 일이기 때문이었다. 글쓰기란 아무나 할 수 없는 위대한 일이라 생각했기 때문에 차마 입 밖으로 말하지 못했지만 언젠가는 글을 쓰고 싶었다. 신문사 생활은 언제가 될지 모르는 그 글쓰기를 위한 발판이라 생각했다. '여기에서 배운 것들로, 보고 느낀 것들로, 나는 글을 쓸 거야' 끝없이 되뇌었다. 서럽고 지친 날에는 글을 썼다. 아니, 글이라고 차마 명명하기 어려운 것들을 회사 블로그에 끄적였다. 슬픈 날에도 썼고, 재미있는 일이 있는 날에도 썼고, 회사를 때려치우고 싶은 날에도 썼다. 일상을 담았을 뿐인데 그 블로그가 이상하게도 인기가 있었다. 블로그를 본 출판사 편집자가 연락을 해와 책을 내보는 게 어떻겠냐고 했다. 그렇게 첫 책 『그림이 그녀에게』가 나왔다. 직장 생활 6년 차가 되던 해 가을이었다. 책은 나오자마자 YES24 예술·대중문화 베스트셀러 2위에 올랐다. 당시 1위가 배우 배두나의 책이었다. "당신이 배두나는 못 이겼네." 편집자가 했던 말이 생생하게 기억난다.

『그림이 기녀에게』는 미술 에세이였다. 문화에 관련된 책을 썼다는 사실이 회사에 알려지면 문화부에 갈 수 있을 줄 알았는데 생각대로 되지 않았다. 사람들팀 근무는 의무 복무처럼 여겨져서 보통 1년이면 인사가 나고 원하는 부서로 보내주는데 내 경우는 일이 그렇게 순조롭게 풀리지 않았다. 어쩌다 보니 1년을 더 있게 됐다. 인사가 나던 날 울면서 사무실을 뛰쳐나와 회사 앞 비탈길을 내려가던 기억이 난다. 반대편에서 올라오던 회사 간부가 놀라서 왜 우냐고 물었다. 눈물 콧물 범벅된 채로 "인사 때문에……"라며 부끄러운 줄도 모르고 울었다. 그런다고 해서 인사를 철회하면 회사가 아니지……. 결국 1년을 더 사람들팀에 있으면서 책을 한 권 더 썼다.

우여곡절 끝에 다음 해에 그토록 원하던 문화부 기자가 되었다. 출판 담당으로 시작해 대학 전공 살려 미술 담당도 했지만, 갈망하던 부서에서 일하게 되었다고 해서 회사 생활이 행복해진 것은 아니었다. 여전히 고난의 연속이었다. 회사를 그만두겠다고 굳게 결심하고 이미 퇴사한 입사 동기가 소개한 영매靈媒를 만났던 날이 생각난다. 비가 주룩주룩 내리던 여름날 밤이었다. 서촌의 한옥 처마에 빗방울이 튕겨 나가는 소리가 들렸다. 영매는 내 손을 잡고 한참 기사를 읽더니 말했다. "당신에게 버거운 회사인 건 맞지만, 안 맞는 회사인 건 아니야. 일단 계속 다녀. 지나다 보면 점점 나아질 거야." 그때 그 시절에, 나와 내 친구들은 왜 그렇게 영매며 역술인을 찾아다녔던가. 회사를 계속 다니는 게 좋을까요? 유학을 가면 어떨까요? 결혼은 언제쯤 하게 될까요? 지금 남자친구와는 헤어지는 게 좋을까요? 상사의 생년월일을 역술인에게 알려주고 대체 언제쯤 그에게서 벗어날 수 있는지를 물어봤는데 회사 인물 DB에 등록된 정보가 잘못되었다는 걸 뒤늦게 알고선 낙담한 적도 있다. 여하튼…… 그런 와중에 시간이 흘렀다.

처음으로 일이 재미있다고 느낀 건 10년 차가 되어서였다. 이상하게도 예전만큼 힘들지 않았다. 보람도 있었고, 즐겁기도 했다. 신기했는데 지금은 원인을 안다. 연차가 올라가서 남의 지시를 받지 않고 재량껏 일할 수 있는 범위가 늘어났기 때문이다. "너, 연차가 높아지더니 훨씬 마음이 편안해진 것 같아. 알고 보니 권력욕이 있는 애였어"라고 나를 오래 지켜본 친구는 놀렸지만 일과 일정을 컨트롤할 수 있는 여지가 많아지니 사는 게 훨씬 쉬워졌다. 권력욕이 있어서가 아니라 통제광이기 때문이었다.

기자 생활의 절반은 울면서 마지못해 꾸역꾸역 다녔고, 나머지 절반은 그나마 평탄하게 다녔다. 어떻게 20년을 버틸 수 있었냐고 누가 묻는다면, 훌륭한 기자가 아니어서라고 답하고 싶다. 방황을 많이 했기 때문에 내가 어떤 사람인지 알 수 있었고, 성공에 대한 욕망도 인정받고 싶은 욕구도 내려놓을 수 있었다. 기대감 없이 일을 일로만 대할 수 있게 되었는데 일에 대한 거리감을 유지할 수 있었기 때문에 일에 지나치게 매몰되지도, 상처받지도 않을 수 있었다. 내겐 일이 전부가 아니었다. 나는 항상 쓰는 사람이었지만, 주말엔 주중과 다른 글을 쓰는 사람이었다. 직장에서 내가 어떤 사람인지와 상관없이 '나'인 것만으로 충족되는 단단한 세계가 있었다. 그 세계 덕에, 20년을 견뎠다.

사회 초년생 때의 내가 어떤 상황이었는지 가장 잘 이해했던 사람은 아이러니하게도 회사를 그만두면 절대 안 된다고 했던 아버지였다. 문화부에 갓 발령받았을 때 할아버지가 돌아가셔서 회사 선배들이 문상을 왔다. 그 자리에서 아버지가 "얘가 사람들팀에 있었을 때는 (마음이 괴로워서) 책을 쓸 수밖에 없었을 겁니다" 하는 걸 듣고 놀랐다. 힘들어서 도저히 회사를 못 다니겠다고 울면서 집에 전화할 때마다 아버지는 "직장 생활이 쉬운 사람은 세상에 없다"며 냉정하게 전화를 끊었지만 막상 전화를 끊고 나서는 우리 딸 불쌍하다며 눈물을 보였다는 이야기를 나중에 엄마로부터 전해 들었다.

앞으로 얼마나 더 기자 생활을 할지는 모르겠다. 지금도 여전히 자주 그만두고 싶지만, 한편으로는 일이 즐겁기도 하다. 그때 그만두지 않길 잘했다고 가끔 생각하지만, 그렇다고 해서 그때 그만뒀으면 큰일 날 뻔했다고 생각하지도 않는다. 기자 일을 좋아하지만 사회 초년생 때 퇴사하고 다른 길을 갔더라도 또 다른 일을 좋아하며 하고 있었을 것 같다. 20년 전의 나를 만난다면 몸과 마음을 상해가면서까지 버틸 필요는 없다고, 힘들면 그만둬도 괜찮다고 다독이며 꼬옥 안아주고 싶다.